LES RÈGLES

DE

LA MÉTHODE SOCIOLOGIQUE

A LA MÊME LIBRAIRIE

AUTRE OUVRAGE DE M. ÉMILE DURKHEIM

De la division du travail social. 1 vol. in-8 de la *Bibliothèque de philosophie contemporaine*, 1893 . . . . . 7 fr. 50

Coulommiers. — Imp. PAUL BRODARD. — 477-94.

LES RÈGLES

DE

LA MÉTHODE SOCIOLOGIQUE

PAR

ÉMILE DURKHEIM

Chargé du cours de Sociologie à la Faculté des lettres
de Bordeaux

———— ⚬⚬⚬ ————

PARIS

ANCIENNE LIBRAIRIE GERMER BAILLIÈRE ET Cie

FÉLIX ALCAN, ÉDITEUR

108, BOULEVARD SAINT-GERMAIN, 108

—

1895

PRÉFACE

On est si peu habitué à traiter les faits sociaux scientifiquement que certaines des propositions contenues dans
cet ouvrage risquent de surprendre le lecteur. Cependant,
s'il existe une science des sociétés, il faut bien s'attendre à
ce qu'elle ne consiste pas dans une simple paraphrase des
préjugés traditionnels, mais nous fasse voir les choses
autrement qu'elles n'apparaissent au vulgaire; car l'objet
de toute science est de faire des découvertes et toute décou-
verte déconcerte plus ou moins les opinions reçues. A moins
donc qu'on ne prête au sens commun, en sociologie, une
autorité qu'il n'a plus depuis longtemps dans les autres
sciences — et on ne voit pas d'où elle pourrait lui venir —
il faut que le savant prenne résolument son parti de ne pas
se laisser intimider par les résultats auxquels aboutissent
ses recherches, si elles ont été méthodiquement conduites.
Si chercher le paradoxe est d'un sophiste, le fuir, quand
il est imposé par les faits, est d'un esprit sans courage ou
sans foi dans la science.

Malheureusement, il est plus aisé d'admettre cette règle
en principe et théoriquement que de l'appliquer avec persévérance. Nous sommes encore trop accoutumés à trancher toutes ces questions d'après les suggestions du sens
commun pour que nous puissions facilement le tenir à distance des discussions sociologiques. Alors que nous nous
en croyons affranchis, il nous impose ses jugements sans

que nous y prenions garde. Il n'y a qu'une longue et spéciale pratique qui puisse prévenir de pareilles défaillances. Voilà ce que nous demandons au lecteur de bien vouloir ne pas perdre de vue. Qu'il ait toujours présent à l'esprit que les manières de penser auxquelles il est le plus fait sont plutôt contraires que favorables à l'étude scientifique des phénomènes sociaux et, par conséquent, qu'il se mette en garde contre ses premières impressions. S'il s'y abandonne sans résistance, il risque de nous juger sans nous avoir compris. Ainsi, il pourrait arriver qu'on nous accusât d'avoir voulu absoudre le crime, sous prétexte que nous en faisons un phénomène de sociologie normale. L'objection pourtant serait puérile. Car s'il est normal que, dans toute société, il y ait des crimes, il n'est pas moins normal qu'ils soient punis. L'institution d'un système répressif n'est pas un fait moins universel que l'existence d'une criminalité, ni moins indispensable à la santé collective. Pour qu'il n'y eût pas de crimes, il faudrait un nivellement des consciences individuelles qui, pour des raisons qu'on trouvera plus loin, n'est ni possible ni désirable; mais pour qu'il n'y eût pas de répression, il faudrait une absence d'homogénéité morale qui est inconciliable avec l'existence d'une société. Seulement, partant de ce fait que le crime est détesté et détestable, le sens commun en conclut à tort qu'il ne saurait disparaître trop complètement. Avec son simplisme ordinaire, il ne conçoit pas qu'une chose qui répugne puisse avoir quelque raison d'être utile, et cependant il n'y a à cela aucune contradiction. N'y a-t-il pas dans l'organisme des fonctions répugnantes dont le jeu régulier est nécessaire à la santé individuelle? Est-ce que nous ne détestons pas la souffrance? et cependant un être qui ne la connaîtrait pas serait un monstre. Le caractère normal d'une chose et les sentiments d'éloignement qu'elle inspire peuvent même être solidaires. Si la douleur est un fait normal, c'est à condition de n'être pas aimée; si le crime est normal, c'est à condition d'être haï [1]. Notre méthode n'a donc rien de révolutionnaire. Elle

---

1. Mais, nous objecte-t-on, si la santé contient des éléments haïssables, comment la présenter, ainsi que nous faisons plus

est même, en un sens, essentiellement conservatrice, puisqu'elle considère les faits sociaux comme des choses dont
la nature, si souple et si malléable qu'elle soit, n'est pourt-
tant pas modifiable à volonté. Combien est plus dangereuse
la doctrine qui n'y voit que le produit de combinaisons
mentales, qu'un simple artifice dialectique peut, en un instant, bouleverser de fond en comble!

De même, parce qu'on est habitué à se représenter la
vie sociale comme le développement logique de concepts
idéaux, on jugera peut-être grossière une méthode qui fait
dépendre l'évolution collective de conditions objectives,
définies dans l'espace, et il n'est pas impossible qu'on nous
traite de matérialiste. Cependant, nous pourrions plus justement revendiquer la qualification contraire. En effet l'essence du spiritualisme ne tient-elle pas dans cette idée
que les phénomènes psychiques ne peuvent pas être immédiatement dérivés des phénomènes organiques? Or notre
méthode n'est en partie qu'une application de ce principe
aux faits sociaux. Comme les spiritualistes séparent le
règne psychologique du règne biologique, nous séparons
le premier du règne social; comme eux, nous nous refusons à expliquer le plus complexe par le plus simple. A la
vérité, pourtant, ni l'une ni l'autre appellation ne nous
conviennent exactement; la seule que nous acceptions est

loin, comme l'objectif immédiat de la conduite? — Il n'y a à
cela aucune contradiction. Il arrive sans cesse qu'une chose,
tout en étant nuisible par certaines de ses conséquences, soit,
par d'autres, utile ou même nécessaire à la vie; or, si les mauvais effets qu'elle a sont régulièrement neutralisés par une
influence contraire, il se trouve en fait qu'elle sert sans nuire,
et cependant elle est toujours haïssable, car elle ne laisse pas
de constituer par elle-même un danger éventuel qui n'est
conjuré que par l'action d'une force antagoniste. C'est le cas
du crime; le tort qu'il fait à la société est annulé par la peine,
si elle fonctionne régulièrement. Il reste donc que, sans produire le mal qu'il implique, il soutient avec les conditions
fondamentales de la vie sociale les rapports positifs que nous
verrons dans la suite. Seulement, comme c'est malgré lui,
pour ainsi dire, qu'il est rendu inoffensif, les sentiments
d'aversion dont il est l'objet ne laissent pas d'être fondés.

celle de *rationaliste*. Notre principal objectif, en effet, est d'étendre à la conduite humaine le rationalisme scientifique, en faisant voir que, considérée dans le passé, elle est réductible à des rapports de cause à effet qu'une opération non moins rationnelle peut transformer ensuite en règles d'action pour l'avenir. Ce qu'on a appelé notre positivisme n'est qu'une conséquence de ce rationalisme [1]. On ne peut être tenté de dépasser les faits, soit pour en rendre compte soit pour en diriger le cours, que dans la mesure où on les croit irrationnels. S'ils sont intelligibles tout entiers, ils suffisent à la science comme à la pratique : à la science, car il n'y a pas alors de motif pour chercher en dehors d'eux les raisons qu'ils ont d'être ; à la pratique, car leur valeur utile est une de ces raisons. Il nous semble donc que, surtout par ce temps de mysticisme renaissant, une pareille entreprise peut et doit être accueillie sans inquiétude et même avec sympathie par tous ceux qui, tout en se séparant de nous sur certains points, partagent notre foi dans l'avenir de la raison.

1. C'est dire qu'il ne doit pas être confondu avec la métaphysique positiviste de Comte et de M. Spencer.

LES RÈGLES

DE

LA MÉTHODE SOCIOLOGIQUE

INTRODUCTION

Jusqu'à présent, les sociologues se sont peu préoccupés de caractériser et de définir la méthode qu'ils appliquent à l'étude des faits sociaux. C'est ainsi que, dans toute l'œuvre de M. Spencer, le problème méthodologique n'occupe aucune place; car l'*Introduction à la science sociale*, dont le titre pourrait faire illusion, est consacrée à démontrer les difficultés et la possibilité de la sociologie, non à exposer les procédés dont elle doit se servir. Mill, il est vrai, s'est assez longuement occupé de la question [1]; mais il n'a fait que passer au crible de sa dialectique ce que Comte en avait dit, sans y rien ajouter de vraiment personnel. Un chapitre du *Cours de philosophie positive*, voilà donc, à peu près, la seule étude originale et importante que nous possédions sur la matière [2].

1. *Système de Logique*, l. VI, ch. VII-XII.
2. V. 2ᵉ éd., p. 294-336.

Cette insouciance apparente n'a, d'ailleurs, rien qui doive surprendre. En effet, les grands sociologues dont nous venons de rappeler les noms ne sont guère sortis des généralités sur la nature des sociétés, sur les rapports du règne social et du règne biologique, sur la marche générale du progrès; même la volumineuse sociologie de M. Spencer n'a guère d'autre objet que de montrer comment la loi de l'évolution universelle s'applique aux sociétés. Or, pour traiter ces questions philosophiques, des procédés spéciaux et complexes ne sont pas nécessaires. On se contentait donc de peser les mérites comparés de la déduction et de l'induction et de faire une enquête sommaire sur les ressources les plus générales dont dispose l'investigation sociologique. Mais les précautions à prendre dans l'observation des faits, la manière dont les principaux problèmes doivent être posés, le sens dans lequel les recherches doivent être dirigées, les pratiques spéciales qui peuvent leur permettre d'aboutir, les règles qui doivent présider à l'administration des preuves restaient indéterminées.

Un heureux concours de circonstances, au premier rang desquelles il est juste de mettre l'acte d'initiative qui a créé en notre faveur un cours régulier de sociologie à la Faculté des lettres de Bordeaux, nous ayant permis de nous consacrer de bonne heure à l'étude de la science sociale et d'en faire même la matière de nos occupations professionnelles, nous avons pu sortir de ces questions trop générales et aborder un certain nombre de problèmes particuliers. Nous avons donc été amené, par la force même des choses, à nous faire une méthode plus définie, croyons-nous, plus exactement adaptée à la nature particulière des phénomènes sociaux. Ce sont ces résultats de noire pratique que nous voudrions exposer ici dans leur ensemble et soumettre à la discussion. Sans doute, ils sont implicitement contenus dans le livre que nous avons récemment publié sur *La Division du travail social*. Mais il nous paraît qu'il y a quelque intérêt à les en dégager, à les formuler à part, en les accompagnant de leurs preuves et en les illustrant d'exemples empruntés soit à cet ouvrage, soit à des travaux encore inédits. On pourra mieux juger ainsi de l'orientation que nous voudrions essayer de donner aux études de sociologie.

CHAPITRE 1

QU'EST-CE QU'UN FAIT SOCIAL?

Avant de chercher quelle est la méthode qui convient à l'étude des faits sociaux, il importe de savoir quels sont les faits que l'on appelle ainsi.

La question est d'autant plus nécessaire que l'on se sert de cette qualification sans beaucoup de précision. On l'emploie couramment pour désigner à peu près tous les phénomènes qui se passent à l'intérieur de la société, pour peu qu'ils présentent, avec une certaine généralité, quelque intérêt social. Mais, à ce compte, il n'y a, pour ainsi dire, pas d'événements humains qui ne puissent être appelés sociaux. Chaque individu boit, dort, mange, raisonne et la société a tout intérêt à ce que ces fonctions s'exercent régulièrement. Si donc ces faits étaient sociaux, la sociologie n'aurait pas d'objet qui lui fût propre, et son domaine se confondrait avec celui de la biologie et de la psychologie.

Mais, en réalité, il y a dans toute société un groupe déterminé de phénomènes qui se distinguent par des caractères tranchés de ceux qu'étudient les autres sciences de la nature.

Quand je m'acquitte de ma tâche de frère, d'époux ou de citoyen, quand j'exécute les engagements que j'ai contractés, je remplis des devoirs qui sont définis, en dehors de moi et de mes actes, dans le droit et dans les mœurs. Alors même qu'ils sont d'accord avec mes sentiments propres et que j'en sens intérieurement la réalité, celle-ci ne laisse pas d'être objective; car ce n'est pas moi qui les ai faits, mais je les ai reçus par l'éducation. Que de fois, d'ailleurs, il arrive que nous ignorons le détail des obligations qui nous incombent et que, pour les connaître, il nous faut consulter le Code et ses interprètes autorisés! De même, les croyances et les pratiques de sa vie religieuse, le fidèle les a trouvées toutes faites en naissant; si elles existaient avant lui, c'est qu'elles existent en dehors de lui. Le système de signes dont je me sers pour exprimer ma pensée, le système de monnaies que j'emploie pour payer mes dettes, les instruments de crédit que j'utilise dans mes relations commerciales, les pratiques suivies dans ma profession, etc., etc., fonctionnent indépendamment des usages que j'en fais. Qu'on prenne les uns après les autres tous les membres dont est composée la société, ce qui précède pourra être répété à propos de chacun d'eux. Voilà donc des manières d'agir, de penser et de sentir qui présentent cette remarquable propriété qu'elles existent en dehors des consciences individuelles.

Non-seulement ces types de conduite ou de pensée sont extérieurs à l'individu, mais ils sont doués d'une puissance impérative et coercitive en vertu de laquelle ils s'imposent à lui, qu'il le veuille ou non. Sans doute, quand je m'y conforme de mon plein gré, cette coercition ne se fait pas ou se fait peu sentir, étant inutile. Mais elle n'en est pas moins un caractère intrinsèque de ces faits, et la preuve, c'est qu'elle s'affirme dès que je tente de résister. Si j'essaye de violer les règles du droit, elles réagissent contre moi de manière à empêcher mon acte s'il en est temps, ou à l'annuler et à le rétablir sous sa forme normale s'il est accompli et réparable, ou à me le faire expier s'il ne peut être réparé autrement. S'agit-il de maximes purement morales? La conscience publique contient tout acte qui les offense par la surveillance qu'elle exerce sur la conduite des citoyens et les peines spéciales dont elle dispose. Dans d'autres cas, la contrainte est moins violente; elle ne laisse pas d'exister. Si je ne me soumets pas aux conventions du monde, si, en m'habillant, je ne tiens aucun compte des usages suivis dans mon pays et dans ma classe, le rire que je provoque, l'éloignement où l'on me tient, produisent, quoique d'une manière plus atténuée, les mêmes effets qu'une peine proprement dite. Ailleurs, la contrainte, pour n'être qu'indirecte, n'en est pas moins efficace. Je ne suis pas obligé de parler français avec mes compatriotes, ni d'employer les monnaies légales; mais il est impossible que je fasse autrement. Si j'essayais d'échapper à cette nécessité, ma tentative échouerait misérablement. Industriel, rien ne m'interdit de travailler avec des procédés et des méthodes de l'autre siècle; mais, si je le fais, je me ruinerai à coup sûr. Alors même que, en fait, je puis m'affranchir de ces règles et les violer avec succès, ce n'est jamais sans être obligé de lutter contre elles. Quand même elles sont finalement vaincues, elles font suffisamment sentir leur

puissance contraignante par la résistance qu'elles
opposent. Il n'y a pas de novateur, même heureux,
dont les entreprises ne viennent se heurter à des
oppositions de ce genre.

Voilà donc un ordre de faits qui présentent des
caractères très spéciaux : ils consistent en des
manières d'agir, de penser et de sentir, extérieures
à l'individu, et qui sont douées d'un pouvoir de coercition en vertu duquel ils s'imposent à lui. Par suite,
ils ne sauraient se confondre avec les phénomènes
organiques, puisqu'ils consistent en representations
et en actions; ni avec les phénomènes psychiques,
lesquels n'ont d'existence que dans la conscience
individuelle et par elle. Ils constituent donc une
espèce nouvelle et c'est à eux que doit être donnée
et réservée la qualification de *sociaux*. Elle leur
convient; car il est clair que, n'ayant pas l'individu
pour substrat, ils ne peuvent en avoir d'autre que la
société, soit la société politique dans son intégralité,
soit quelqu'un des groupes partiels qu'elle renferme,
confessions religieuses, écoles politiques, littéraires,
corporations professionnelles, etc. D'autre part, c'est
à eux seuls qu'elle convient; car le mot de social n'a
de sens défini qu'à condition de désigner uniquement
des phénomènes qui ne rentrent dans aucune des
catégories de faits déjà constituées et dénommées. Ils
sont donc le domaine propre de la sociologie. Il est
vrai que ce mot de contrainte, par lequel nous les
définissons, risque d'effaroucher les zélés partisans
d'un individualisme absolu. Comme ils professent que
l'individu est parfaitement autonome, il leur semble
qu'on le diminue toutes les fois qu'on lui fait sentir
qu'il ne dépend pas seulement de lui-même. Mais

puisqu'il est aujourd'hui incontestable que la plupart de nos idées et de nos tendances ne sont pas élaborées par nous, mais nous viennent du dehors, elles ne peuvent pénétrer en nous qu'en s'imposant ; c'est tout ce que signifie notre définition. On sait, d'ailleurs, que toute contrainte sociale n'est pas nécessairement exclusive de la personnalité individuelle [1].

Cependant, comme les exemples que nous venons de citer (règles juridiques, morales, dogmes religieux, systèmes financiers, etc.), consistent tous en croyances et en pratiques constituées, on pourrait, d'après ce qui précède, croire qu'il n'y a de fait social que là où il y a organisation définie. Mais il est d'autres faits qui, sans présenter ces formes cristallisées, ont et la même objectivité et le même ascendant sur l'individu. C'est ce qu'on appelle les courants sociaux. Ainsi, dans une assemblée, les grands mouvements d'enthousiasme, d'indignation, de pitié qui se produisent, n'ont pour lieu d'origine aucune conscience particulière. Ils viennent à chacun de nous du dehors et sont susceptibles de nous entraîner malgré nous. Sans doute, il peut se faire que, m'y abandonnant sans réserve, je ne sente pas la pression qu'ils exercent sur moi. Mais elle s'accuse dès que j'essaie de lutter contre eux. Qu'un individu tente de s'opposer à l'une de ces manifestations collectives, et les sentiments qu'il nie se retournent contre lui. Or, si cette puissance de coercition externe s'affirme avec cette netteté dans les cas de résistance, c'est qu'elle existe, quoique inconsciente, dans les cas contraires.

---

1. Ce n'est pas à dire, du reste, que toute contrainte soit normale. Nous reviendrons plus loin sur ce point.

Nous sommes alors dupes d'une illusion qui nous fait croire que nous avons élaboré nous-même ce qui s'est imposé à nous du dehors. Mais, si la complaisance avec laquelle nous nous y laissons aller, masque la poussée subie, elle ne la supprime pas. C'est ainsi que l'air ne laisse pas d'être pesant quoique nous n'en sentions plus le poids. Alors même que nous avons spontanément collaboré, pour notre part, à l'émotion commune, l'impression que nous avons ressentie est tout autre que celle que nous eussions éprouvée si nous avions été seul. Aussi, une fois que l'assemblée s'est séparée, que ces influences sociales ont cessé d'agir sur nous et que nous nous retrouvons seul avec nous-même, les sentiments par lesquels nous avons passé nous font l'effet de quelque chose d'étranger où nous ne nous reconnaissons plus. Nous nous apercevons alors que nous les avions subis beaucoup plus que nous ne les avions faits. Il arrive même qu'ils nous font horreur, tant ils étaient contraires à notre nature. C'est ainsi que des individus, parfaitement inoffensifs pour la plupart, peuvent, réunis en foule, se laisser entraîner à des actes d'atrocité. Or, ce que nous disons de ces explosions passagères s'applique identiquement à ces mouvements d'opinion, plus durables, qui se produisent sans cesse autour de nous, soit dans toute l'étendue de la société, soit dans des cercles plus restreints, sur les matières religieuses, politiques, littéraires, artistiques, etc.

On peut, d'ailleurs, confirmer par une expérience caractéristique cette définition du fait social, il suffit d'observer la manière dont sont élevés les enfants. Quand on regarde les faits tels qu'ils sont et tels qu'ils ont toujours été, il saute aux yeux que toute éducation consiste dans un effort continu pour imposer à l'enfant des manières de voir, de sentir et d'agir auxquelles il ne serait pas spontanément arrivé. Dès les premiers temps de sa vie, nous le contraignons à manger, à boire, à dormir à des heures régulières, nous le contraignons à la propreté, au calme, à l'obéissance; plus tard, nous le contraignons pour qu'il apprenne à tenir compte d'autrui, à respecter les usages, les convenances, nous le contraignons au travail, etc., etc. Si, avec le temps, cette contrainte cesse d'être sentie, c'est qu'elle donne peu à peu naissance à des habitudes, à des tendances internes qui la rendent inutile, mais qui ne la remplacent que parce qu'elles en dérivent. Il est vrai que, d'après M. Spencer, une éducation rationnelle devrait réprouver de tels procédés et laisser faire l'enfant en toute liberté; mais comme cette théorie pédagogique n'a jamais été pratiquée par aucun peuple connu, elle ne constitue qu'un *desideratum* personnel, non un fait qui puisse être opposé aux faits qui précèdent. Or, ce qui rend ces derniers particulièrement instructifs, c'est que l'éducation a justement pour objet de faire l'être social; on y peut donc voir, comme en raccourci, de quelle manière cet être s'est constitué dans l'histoire. Cette pression de tous les instants que subit l'enfant, c'est la pression même du milieu social qui tend à le façonner à son image et dont les parents et les maîtres ne sont que les représentants et les intermédiaires.

Ainsi ce n'est pas leur généralité qui peut servir à caractériser les phénomènes sociologiques. Une

pensée qui se retrouve dans toutes les consciences
particulières, un mouvement que répètent tous les
individus ne sont pas pour cela des faits sociaux.
Si l'on s'est contenté de ce caractère pour les définir,
c'est qu'on les a confondus, à tort, avec ce qu'on
pourrait appeler leurs incarnations individuelles. Ce
qui les constitue, ce sont les croyances, les tendances,
les pratiques du groupe pris collectivement ; quant
aux formes que revêtent les états collectifs en se
réfractant chez les individus, ce sont choses d'une
autre espèce. Ce qui démontre catégoriquement cette
dualité de nature, c'est que ces deux ordres de faits
se présentent souvent à l'état dissocié. En effet, certaines de ces manières d'agir ou de penser acquièrent, par suite de la répétition, une sorte de consis-
tance qui les précipite, pour ainsi dire, et les isole
des événements particuliers qui les reflètent. Elles
prennent ainsi un corps, une forme sensible qui
leur est propre, et constituent une réalité *sui generis*,
très distincte des faits individuels qui la manifestent.
L'habitude collective n'existe pas seulement à l'état
d'immanence dans les actes successifs qu'elle détermine, mais, par un privilège dont nous ne trouvons
pas d'exemple dans le règne biologique, elle s'exprime une fois pour toutes dans une formule qui
se répète de bouche en bouche, qui se transmet par
l'éducation, qui se fixe même par écrit. Telle est
l'origine et la nature des règles juridiques, morales,
des aphorismes et des dictons populaires, des articles
de foi où les sectes religieuses ou politiques conden-
sent leurs croyances, des codes de goût que dres-
sent les écoles littéraires, etc. Aucune d'elles ne se
retrouve tout entière dans les applications qui en

sont faites par les particuliers, puisqu'elles peuvent même être sans être actuellement appliquées.

Sans doute, cette dissociation ne se présente pas toujours avec la même netteté. Mais il suffit qu'elle existe d'une manière incontestable dans les cas importants et nombreux que nous venons de rappeler, pour prouver que le fait social est distinct de ses répercussions individuelles. D'ailleurs, alors même qu'elle n'est pas immédiatement donnée à l'observation, on peut souvent la réaliser à l'aide de certains artifices de méthode; il est même indispensable de procéder à cette opération, si l'on veut dégager le fait social de tout alliage pour l'observer à l'état de pureté. Ainsi, il y a certains courants d'opinion qui nous poussent, avec une intensité inégale, suivant les temps et les pays, l'un au mariage, par exemple, un autre au suicide ou à une natalité plus ou moins forte, etc. Ce sont évidemment des faits sociaux. Au premier abord, ils semblent inséparables des formes qu'ils prennent dans les cas particuliers. Mais la statistique nous fournit le moyen de les isoler. Ils sont, en effet, figurés, non sans exactitude, par le taux de la natalité, de la nuptialité, des suicides, c'est-à-dire par le nombre que l'on obtient en divisant le total moyen annuel des mariages, des naissances, des morts volontaires par celui des hommes en âge de se marier, de procréer, de se suicider [1]. Car, comme chacun de ces chiffres comprend tous les cas particuliers indistinctement, les circonstances individuelles qui peuvent avoir quelque part dans la

---

[1]. On ne se suicide pas à tout âge, ni, à tous les âges, avec la même intensité.

production du phénomène s y neutralisent mutuellement et, par suite, ne contribuent pas à le déterminer. Ce qu'il exprime, c'est un certain état de
l'âme collective.

Voilà ce que sont les phénomènes sociaux, débar-
rassés de tout élément étranger. Quant à leurs manifestations privées, elles ont bien quelque chose de
social, puisqu'elles reproduisent en partie un modèle
collectif; mais chacune d'elles dépend aussi, et pour
une large part, de la constitution organico-psychique
de l'individu, des circonstances particulières dans
lesquelles il est placé. Elles ne sont donc pas des
phénomènes proprement sociologiques. Elles tiennent à la fois aux deux règnes; on pourrait les
appeler socio-psychiques. Elles intéressent le sociologue sans constituer la matière immédiate de la
sociologie. On trouve de même à l'intérieur de l'organisme des phénomènes de nature mixte qu'étudient des sciences mixtes, comme la chimie biologique.

Mais, dira-t-on, un phénomène ne peut être collectif que s'il est commun à tous les membres de
la société ou, tout au moins, à la plupart d'entre eux,
partant, s'il est général. Sans doute, mais s'il est
général, c'est parce qu'il est collectif (c'est-à-dire
plus ou moins obligatoire), bien loin qu'il soit collectif parce qu'il est général. C'est un état du groupe,
qui se répète chez les individus parce qu'il s'impose
à eux. Il est dans chaque partie parce qu'il est dans
le tout, loin qu'il soit dans le tout parce qu'il est dans
les parties. C'est ce qui est surtout évident de ces
croyances et de ces pratiques qui nous sont trans-
mises toutes faites par les générations antérieures;

nous les recevons et les adoptons parce que, étant
à la fois une œuvre collective et une œuvre sécu-
laire, elles sont investies d'une particulière autorité
que l'éducation nous a appris à reconnaître et à respecter. Or il est à noter que l'immense majorité des
phénomènes sociaux nous vient par cette voie. Mais
alors même que le fait social est dû, en partie, à
notre collaboration directe, il n'est pas d'une autre
nature. Un sentiment collectif, qui éclate dans une
assemblée, n'exprime pas simplement ce qu'il y avait
de commun entre tous les sentiments individuels. Il
est quelque chose de tout autre, comme nous l'avons
montré. Il est une résultante de la vie commune, un
produit des actions et des réactions qui s'engagent
entre les consciences individuelles; et s'il retentit
dans chacune d'elles, c'est en vertu de l'énergie spéciale qu'il doit précisément à son origine collective.
Si tous les cœurs vibrent à l'unisson, ce n'est pas par
suite d'une concordance spontanée et préétablie; c'est
qu'une même force les meut dans le même sens.
Chacun est entraîné par tous.

Nous arrivons donc à nous représenter, d'une
manière précise, le domaine de la sociologie. Il ne
comprend qu'un groupe déterminé de phénomènes.
Un fait social se reconnaît au pouvoir de coercition
externe qu'il exerce ou est susceptible d'exercer sur
les individus; et la présence de ce pouvoir se reconnaît à son tour soit à l'existence de quelque sanction
déterminée, soit à la résistance que le fait oppose
à toute entreprise individuelle qui tend à lui faire
violence. Cependant, on peut le définir aussi par la
diffusion qu'il présente à l'intérieur du groupe,
pourvu que, suivant les remarques précédentes, on

ait soin d'ajouter comme seconde et essentielle caractéristique qu'il existe indépendamment des formes
individuelles qu'il prend en se diffusant. Ce dernier
critère est même, dans certains cas, plus facile à
appliquer que le précédent. En effet, la contrainte
est aisée à constater quand elle se traduit au dehors
par quelque réaction directe de la société, comme
c'est le cas pour le droit, la morale, les croyances,
les usages, les modes même. Mais quand elle n'est
qu'indirecte, comme celle qu'exerce une organisation économique, elle ne se laisse pas toujours aussi
bien apercevoir. La généralité combinée avec l'objectivité peuvent alors être plus faciles à établir. D'ailleurs, cette seconde définition n'est qu'une autre
forme de la première ; car si une manière de se conduire, qui existe extérieurement aux consciences
individuelles, se généralise, ce ne peut être qu'en
s'imposant [1].

1. On voit combien cette définition du fait social s'éloigne
de celle qui sert de base à l'ingénieux système de M. Tarde.
D'abord, nous devons déclarer que nos recherches ne nous
ont nulle part fait constater cette influence prépondérante que
M. Tarde attribue à l'imitation dans la genèse des faits collectifs.
De plus, de la définition précédente, qui n'est pas une théorie
mais un simple résumé des données immédiates de l'observation, il semble bien résulter que l'imitation, non seulement
n'exprime pas toujours, mais même n'exprime jamais ce qu'il
y a d'essentiel et de caractéristique dans le fait social. Sans
doute, tout fait social est imité, il a, comme nous venons de
le montrer, une tendance à se généraliser, mais c'est parce qu'il
est social, c'est-à-dire obligatoire. Sa puissance d'expansion est,
non la cause, mais la conséquence de son caractère sociologique. Si encore les faits sociaux étaient seuls à produire cette
conséquence, l'imitation pourrait servir, sinon à les expliquer,
du moins à les définir. Mais un état individuel qui fait rico-
chet ne laisse pas pour cela d'être individuel. De plus, on peut
se demander si le mot d'imitation est bien celui qui convient
pour désigner une propagation due à une influence coerci-

Cependant, on pourrait se demander si cette définition est complète. En effet, les faits qui nous en ont fourni la base sont tous des *manières de faire*; ils sont d'ordre physiologique. Or il y a aussi des *manières d'être* collectives, c'est-à-dire des faits sociaux d'ordre anatomique ou morphologique. La sociologie ne peut se désintéresser de ce qui concerne le substrat de la vie collective. Pourtant, le nombre et la nature des parties élémentaires dont est composée la société, la manière dont elles sont disposées, le degré de coalescence où elles sont parvenues, la distribution de la population sur la surface du territoire, le nombre et la nature des voies de communication, la forme des habitations, etc., ne paraissent pas, à un premier examen, pouvoir se ramener à des façons d'agir ou de sentir ou de penser.

Mais, tout d'abord, ces divers phénomènes présentent la même caractéristique qui nous a servi à définir les autres. Ces manières d'être s'imposent à l'individu tout comme les manières de faire dont nous avons parlé. En effet, quand on veut connaître la façon dont une société est divisée politiquement, dont ces divisions sont composées, la fusion plus ou moins complète qui existe entre elles, ce n'est pas à l'aide d'une inspection matérielle et par des observations géographiques qu'on y peut parvenir; car ces divisions sont morales alors même qu'elles ont quelque base dans la nature physique. C'est seulement à travers le droit public qu'il est possible d'étudier cette organisation, car c'est ce droit qui la détermine, tout comme il détermine nos relations

tive. Sous cette unique expression, on confond des phénomènes très différents et qui auraient besoin d'être distingués.

domestiques et civiques. Elle n'est donc pas moins obligatoire. Si la population se presse dans nos villes au lieu de se disperser dans les campagnes, c'est qu'il y a un courant d'opinion, une poussée collective qui impose aux individus cette concentration. Nous ne pouvons pas plus choisir la forme de nos maisons que celle de nos vêtements; du moins, l'une est obligatoire dans la même mesure que l'autre. Les voies de communication déterminent d'une manière impérieuse le sens dans lequel se font les migrations intérieures et les échanges, et même l'intensité de ces échanges et de ces migrations, etc., etc. Par conséquent, il y aurait, tout au plus, lieu d'ajouter à la liste des phénomènes que nous avons énumérés comme présentant le signe distinctif du fait social une catégorie de plus; et, comme cette énumération n'avait rien de rigoureusement exhaustif, l'addition ne serait pas indispensable.

Mais elle n'est même pas utile; car ces manières d'être ne sont que des manières de faire consolidées. La structure politique d'une société n'est que la manière dont les différents segments qui la composent ont pris l'habitude de vivre les uns avec les autres. Si leurs rapports sont traditionnellement étroits, les segments tendent à se confondre; à se distinguer, dans le cas contraire. Le type d'habitation qui s'impose à nous n'est que la manière dont tout le monde autour de nous et, en partie, les générations antérieures se sont accoutumées à construire les maisons. Les voies de communication ne sont que le lit que s'est creusé à lui-même, en coulant dans le même sens, le courant régulier des échanges et des migrations, etc. Sans doute, si les phénomènes d'ordre morphologique étaient les seuls à présenter cette fixité, on pourrait croire qu'ils constituent une espèce à part. Mais une règle juridique est un arrangement non moins permanent qu'un type d'architecture et, pourtant, c'est un fait physiologique. Une simple maxime morale est, assurément, plus malléable; mais elle a des formes bien plus rigides qu'un simple usage professionnel ou qu'une mode. Il y a ainsi toute une gamme de nuances qui, sans solution de continuité, rattache les faits de structure les plus caractérisés à ces libres courants de la vie sociale qui ne sont encore pris dans aucun moule défini. C'est donc qu'il n'y a entre eux que des différences dans le degré de consolidation qu'ils présentent. Les uns et les autres ne sont que de la vie plus ou moins cristallisée. Sans doute, il peut y avoir intérêt à réserver le nom de morphologiques aux faits sociaux qui concernent le substrat social, mais à condition de ne pas perdre de vue qu'ils sont de même nature que les autres. Notre définition comprendra donc tout le défini si nous disons : *Est fait social toute manière de faire, fixée ou non, susceptible d'exercer sur l'individu une contrainte extérieure; ou bien encore, qui est générale dans l'étendue d'une société donnée tout en ayant une existence propre, indépendante de ses manifestations individuelles* [1].

1. Cette parenté étroite de la vie et de la structure, de l'organe et de la fonction peut être facilement établie en sociologie parce que, entre ces deux termes extrêmes, il existe toute une série d'intermédiaires immédiatement observables et qui montre le lien entre eux. La biologie n'a pas la même ressource. Mais il est permis de croire que les inductions de la première de ces sciences sur ce sujet sont applicables à l'autre et que, dans les organismes comme dans les sociétés, il n'y a entre ces deux ordres de faits que des différences de degré.

CHAPITRE II

La première règle et la plus fondamentale est de
considérer les faits sociaux comme des choses.

I

Au moment où un ordre nouveau de phénomènes devient objet de science, ils se trouvent déjà
représentés dans l'esprit, non seulement par des
images sensibles, mais par des sortes de concepts
grossièrement formés. Avant les premiers rudiments
de la physique et de la chimie, les hommes avaient
déjà sur les phénomènes physico-chimiques des
notions qui dépassaient la pure perception; telles sont,
par exemple, celles que nous trouvons mêlées à
toutes les religions. C'est que, en effet, la réflexion
est antérieure à la science qui ne fait que s'en servir
avec plus de méthode. L'homme ne peut pas vivre
au milieu des choses sans s'en faire des idées d'après
lesquelles il règle sa conduite. Seulement, parce que
ces notions sont plus près de nous et plus à notre

portée que les réalités auxquelles elles correspondent, nous tendons naturellement à les substituer à
ces dernières et à en faire la matière même de nos
spéculations. Au lieu d'observer les choses, de les
décrire, de les comparer, nous nous contentons alors
de prendre conscience de nos idées, de les analyser,
de les combiner. Au lieu d'une science de réalités,
nous ne faisons plus qu'une analyse idéologique. Sans
doute, cette analyse n'exclut pas nécessairement toute
observation. On peut faire appel aux faits pour confirmer ces notions ou les conclusions qu'on en tire.
Mais les faits n'interviennent alors que secondaire-
ment, à titre d'exemples ou de preuves confirmatoires;
ils ne sont pas l'objet de la science. Celle-ci va des
idées aux choses, non des choses aux idées.

Il est clair que cette méthode ne saurait donner de
résultats objectifs. Ces notions, en effet, ou concepts,
de quelque nom qu'on veuille les appeler, ne sont pas
les substituts légitimes des choses. Produits de l'expérience vulgaire, ils ont, avant tout, pour objet de
mettre nos actions en harmonie avec le monde qui
nous entoure; ils sont formés par la pratique et pour
elle. Or une représentation peut être en état de jouer
utilement ce rôle tout en étant théoriquement fausse.
Copernic a, depuis plusieurs siècles, dissipé les illusions de nos sens touchant les mouvements des
astres; et pourtant, c'est encore d'après ces illusions
que nous réglons couramment la distribution de notre
temps. Pour qu'une idée suscite bien les mouvements que réclame la nature d'une chose, il n'est pas
nécessaire qu'elle exprime fidèlement cette nature;
mais il suffit qu'elle nous fasse sentir ce que la chose
a d'utile ou de désavantageux, par où elle peut nous

servir, par où nous contrarier. Encore les notions
ainsi formées ne présentent-elles cette justesse pratique que d'une manière approximative et seulement
dans la généralité des cas. Que de fois elles sont
aussi dangereuses qu'inadéquates! Ce n'est donc pas
en les élaborant, de quelque manière qu'on s'y
prenne, que l'on arrivera jamais à découvrir les lois
de la réalité. Elles sont, au contraire, comme un voile
qui s'interpose entre les choses et nous et qui nous les
masque d'autant mieux qu'on le croit plus transparent.

Non seulement une telle science ne peut être que
tronquée, mais elle manque de matière où elle puisse
s'alimenter. A peine existe-t-elle qu'elle disparaît,
pour ainsi dire, et se transforme en art. En effet, ces
notions sont censées contenir tout ce qu'il y a d'essentiel dans le réel, puisqu'on les confond avec le réel
lui-même. Dès lors, elles semblent avoir tout ce qu'il
faut pour nous mettre en état non seulement de
comprendre ce qui est, mais de prescrire ce qui doit
être et les moyens de l'exécuter. Car ce qui est bon,
c'est ce qui est conforme à la nature des choses; ce
qui y est contraire est mauvais, et les moyens pour
atteindre l'un et fuir l'autre dérivent de cette même
nature. Si donc nous la tenons d'emblée, l'étude de
la réalité présente n'a plus d'intérêt pratique et,
comme c'est cet intérêt qui est la raison d'être de
cette étude, celle-ci se trouve désormais sans but. La
réflexion est ainsi incitée à se détourner de ce qui
est l'objet même de la science, à savoir le présent et
le passé, pour s'élancer d'un seul bond vers l'avenir.
Au lieu de chercher à comprendre les faits acquis et
réalisés, elle entreprend immédiatement d'en réaliser
de nouveaux, plus conformes aux fins poursuivies

par les hommes. Quand on croit savoir en quoi consiste l'essence de la matière, on se met aussitôt à la recherche de la pierre philosophale. Cet empiétement de l'art sur la science, qui empêche celle-ci de se développer, est d'ailleurs facilité par les circonstances mêmes qui déterminent l'éveil de la réflexion scientifique. Car, comme elle ne prend naissance que pour satisfaire à des nécessités vitales, elle se trouve tout naturellement orientée vers la pratique. Les besoins qu'elle est appelée à soulager sont toujours pressés et, par suite, la pressent d'aboutir; ils réclament, non des explications, mais des remèdes.

Cette manière de procéder est si conforme à la pente naturelle de notre esprit qu'on la retrouve même à l'origine des sciences physiques. C'est elle qui différencie l'alchimie de la chimie, comme l'astrologie de l'astronomie. C'est par elle que Bacon caractérise la méthode que suivaient les savants de son temps et qu'il combat. Les notions dont nous venons de parler, ce sont ces *notiones vulgares* ou *praenotiones* [1] qu'il signale à la base de toutes les sciences [2] où elles prennent la place des faits [3]. Ce sont ces *idola*, sortes de fantômes qui nous défigurent le véritable aspect des choses et que nous prenons pourtant pour les choses mêmes. Et c'est parce que ce milieu imaginaire n'offre à l'esprit aucune résistance que celui-ci, ne se sentant contenu par rien, s'abandonne à des ambitions sans bornes et croit possible de construire ou, plutôt, de reconstruire le monde par ses seules forces et au gré de ses désirs.

1. *Novum organum*, I, 26.
2. *Ibid.*, I, 17.
3. *Ibid.*, I, 36.

S'il en a été ainsi des sciences naturelles, à plus forte raison en devait-il être de même pour la sociologie. Les hommes n'ont pas attendu l'avènement de la science sociale pour se faire des idées sur le droit, la morale, la famille, l'État, la société même; car ils ne pouvaient s'en passer pour vivre. Or, c'est surtout en sociologie que ces prénotions, pour reprendre l'expression de Bacon, sont en état de dominer les esprits et de se substituer aux choses. En effet, les choses sociales ne se réalisent que par les hommes; elles sont un produit de l'activité humaine. Elles ne paraissent donc pas être autre chose que la mise en œuvre d'idées, innées ou non, que nous portons en nous, que leur application aux diverses circonstances qui accompagnent les relations des hommes entre eux. L'organisation de la famille, du contrat, de la répression, de l'État, de la société apparaissent ainsi comme un simple développement des idées que nous avons sur la société, l'État, la justice, etc. Par conséquent, ces faits et leurs analogues semblent n'avoir de réalité que dans et par les idées qui en sont le germe et qui deviennent, dès lors, la matière propre de la sociologie.

Ce qui achève d'accréditer cette manière de voir, c'est que, le détail de la vie sociale débordant de tous les côtés la conscience, celle-ci n'en a pas une perception assez forte pour en sentir la réalité. N'ayant pas en nous d'attaches assez solides ni assez prochaines, tout cela nous fait assez facilement l'effet de ne tenir à rien et de flotter dans le vide, matière à demi irréelle et indéfiniment plastique. Voilà pourquoi tant de penseurs n'ont vu dans les arrangements sociaux que des combinaisons artificielles et plus ou moins arbitraires. Mais si le détail, si les formes concrètes et particulières nous échappent, du moins nous nous représentons les aspects les plus généraux de l'existence collective en gros et par à peu près, et ce sont précisément ces représentations schématiques et sommaires qui constituent ces prénotions dont nous nous servons pour les usages courants de la vie. Nous ne pouvons donc songer à mettre en doute leur existence, puisque nous la percevons en même temps que la nôtre. Non seulement elles sont en nous, mais, comme elles sont un produit d'expériences répétées, elles tiennent de la répétition, et de l'habitude qui en résulte, une sorte d'ascendant et d'autorité. Nous les sentons nous résister quand nous cherchons à nous en affranchir. Or nous ne pouvons pas ne pas regarder comme réel ce qui s'oppose à nous. Tout contribue donc à nous y faire voir la vraie réalité sociale.

Et en effet, jusqu'à présent, la sociologie a plus ou moins exclusivement traité non de choses, mais de concepts. Comte, il est vrai, a proclamé que les phénomènes sociaux sont des faits naturels, soumis à des lois naturelles. Par là, il a implicitement reconnu leur caractère de choses ; car il n'y a que des choses dans la nature. Mais quand, sortant de ces généralités philosophiques, il tente d'appliquer son principe et d'en faire sortir la science qui y était contenue, ce sont des idées qu'il prend pour objets d'études. En effet, ce qui fait la matière principale de sa sociologie, c'est le progrès de l'humanité dans le temps. Il part de cette idée qu'il y a une évolution continue du genre humain qui consiste dans une réalisation toujours

plus complète de la nature humaine et le problème
qu'il traite est de retrouver l'ordre de cette évolution.
Or, à supposer que cette évolution existe, la réalité
n'en peut être établie que la science une fois faite;
on ne peut donc en faire l'objet même de la recherche
que si on la pose comme une conception de l'esprit,
non comme une chose. Et en effet, il s'agit si bien
d'une représentation toute subjective que, en fait, ce
progrès de l'humanité n'existe pas. Ce qui existe, ce
qui seul est donné à l'observation, ce sont des sociétés
particulières qui naissent, se développent, meurent
indépendamment les unes des autres. Si encore les
plus récentes continuaient celles qui les ont précé-
dées, chaque type supérieur pourrait être considéré
comme la simple répétition du type immédiatement
inférieur avec quelque chose en plus; on pourrait
donc les mettre tous bout à bout, pour ainsi dire, en
confondant ceux qui se trouvent au même degré de
développement, et la série ainsi formée pourrait être
regardée comme représentative de l'humanité. Mais
les faits ne se présentent pas avec cette extrême
simplicité. Un peuple qui en remplace un autre n'est
pas simplement un prolongement de ce dernier avec
quelques caractères nouveaux; il est autre, il a des
propriétés en plus, d'autres en moins; il constitue
une individualité nouvelle et toutes ces individualités
distinctes, étant hétérogènes, ne peuvent pas se
fondre en une même série continue, ni surtout en
une série unique. Car la suite des sociétés ne saurait
être figurée par une ligne géométrique; elle ressemble
plutôt à un arbre dont les rameaux se dirigent dans
des sens divergents. En somme, Comte a pris pour
le développement historique la notion qu'il en avait

et qui ne diffère pas beaucoup de celle que s'en fait le vulgaire. Vue de loin, en effet, l'histoire prend assez bien cet aspect sériaire et simple. On n'aperçoit que des individus qui se succèdent les uns aux autres et marchent tous dans une même direction parce qu'ils ont une même nature. Puisque, d'ailleurs, on ne conçoit pas que l'évolution sociale puisse être autre chose que le développement de quelque idée humaine, il paraît tout naturel de la définir par l'idée que s'en font les hommes. Or, en procédant ainsi, non seulement on reste dans l'idéologie, mais on donne comme objet à la sociologie un concept qui n'a rien de proprement sociologique.

Ce concept, M. Spencer l'écarte, mais c'est pour le remplacer par un autre qui n'est pas formé d'une autre façon. Il fait des sociétés, et non de l'humanité, l'objet de la science; seulement, il donne aussitôt des premières une définition qui fait évanouir la chose dont il parle pour mettre à la place la prénotion qu'il en a. Il pose, en effet, comme une proposition évidente qu' « une société n'existe que quand, à la juxtaposition, s'ajoute la coopération », que c'est par là seulement que l'union des individus devient une société proprement dite [1]. Puis, partant de ce principe que la coopération est l'essence de la vie sociale, il distingue les sociétés en deux classes suivant la nature de la coopération qui y domine. « Il y a, dit-il, une coopération spontanée qui s'effectue sans préméditation durant la poursuite de fins d'un caractère privé; il y a aussi une coopération consciemment instituée qui suppose des fins d'intérêt public nette-

1. *Sociol.* Tr. fr., III, 331, 332.

ment reconnues [1]. » Aux premières, il donne le nom de sociétés industrielles; aux secondes, celui de militaires, et on peut dire de cette distinction qu'elle est l'idée mère de sa sociologie.

Mais cette définition initiale énonce comme une chose ce qui n'est qu'une vue de l'esprit. Elle se présente, en effet, comme l'expression d'un fait immédiatement visible et que l'observation suffit à constater, puisqu'elle est formulée dès le début de la science comme un axiome. Et cependant, il est impossible de savoir par une simple inspection si réellement la coopération est le tout de la vie sociale. Une telle affirmation n'est scientifiquement légitime que si l'on a commencé par passer en revue toutes les manifestations de l'existence collective et si l'on a fait voir qu'elles sont toutes des formes diverses de la coopération. C'est donc encore une certaine manière de concevoir la réalité sociale qui se substitue à cette réalité [2]. Ce qui est ainsi défini, ce n'est pas la société, mais l'idée que s'en fait M. Spencer. Et s'il n'éprouve aucun scrupule à procéder ainsi, c'est que, pour lui aussi, la société n'est et ne peut être que la réalisation d'une idée, à savoir de cette idée même de coopération par laquelle il la définit [3]. Il serait aisé de montrer que, dans chacun des problèmes particuliers qu'il aborde, sa méthode reste la même. Aussi, quoiqu'il affecte de procéder empiriquement, comme les faits accumulés dans sa sociologie sont employés à

---

1. *Sociol.*, III, 332.

2. Conception, d'ailleurs, controversable. (V. *Division du travail social*, II, 2, § 4.)

3. « La coopération ne saurait donc exister sans société, et c'est le but pour lequel une société existe. » (*Principes de Sociol.*, III, 332.)

illustrer des analyses de notions plutôt qu'à décrire
et à expliquer des choses, ils semblent bien n'être là
que pour faire figure d'arguments. En réalité, tout
ce qu'il y a d'essentiel dans sa doctrine peut être
immédiatement déduit de sa définition de la société
et des différentes formes de coopération. Car si nous
n'avons le choix qu'entre une coopération tyranni-
quement imposée et une coopération libre et spontanée, c'est évidemment cette dernière qui est l'idéal
vers lequel l'humanité tend et doit tendre.

Ce n'est pas seulement à la base de la science que
se rencontrent ces notions vulgaires, mais on les
retrouve à chaque instant dans la trame des raisonnements. Dans l'état actuel de nos connaissances,
nous ne savons pas avec certitude ce que c'est que
l'État, la souveraineté, la liberté politique, la démocratie, le socialisme, le communisme, etc., la méthode
voudrait donc que l'on s'interdît tout usage de ces
concepts, tant qu'ils ne sont pas scientifiquement
constitués. Et cependant les mots qui les expriment
reviennent sans cesse dans les discussions des sociologues. On les emploie couramment et avec assurance
comme s'ils correspondaient à des choses bien connues et définies, alors qu'ils ne réveillent en nous
que des notions confuses, mélanges indistincts d'impressions vagues, de préjugés et de passions. Nous
nous moquons aujourd'hui des singuliers raisonnements que les médecins du moyen âge construisaient
avec les notions du chaud, du froid, de l'humide, du
sec, etc., et nous ne nous apercevons pas que nous
continuons à appliquer cette même méthode à l'ordre
de phénomènes qui le comporte moins que tout
autre, à cause de son extrême complexité.

Dans les branches spéciales de la sociologie, ce caractère idéologique est encore plus accusé.

C'est surtout le cas pour la morale. On peut dire, en effet, qu'il n'y a pas un seul système où elle ne soit représentée comme le simple développement d'une idée initiale qui la contiendrait tout entière en puissance. Cette idée, les uns croient que l'homme la trouve toute faite en lui dès sa naissance ; d'autres, au contraire, qu'elle se forme plus ou moins lentement au cours de l'histoire. Mais, pour les uns comme pour les autres, pour les empiristes comme pour les rationalistes, elle est tout ce qu'il y a de vraiment réel en morale. Pour ce qui est du détail des règles juridiques et morales, elles n'auraient, pour ainsi dire, pas d'existence par elles mêmes, mais ne seraient que cette notion fondamentale appliquée aux circonstances particulières de la vie et diversifiée suivant les cas. Dès lors, l'objet de la morale ne saurait être ce système de préceptes sans réalité, mais l'idée de laquelle ils découlent et dont ils ne sont que des applications variées. Aussi toutes les questions que se pose d'ordinaire l'éthique se rapportent-elles, non à des choses, mais à des idées ; ce qu'il s'agit de savoir, c'est en quoi consiste l'idée du droit, l'idée de la morale, non quelle est la nature de la morale et du droit pris en eux-mêmes. Les moralistes ne sont pas encore parvenus à cette conception très simple que, comme notre représentation des choses sensibles vient de ces choses mêmes et les exprime plus ou moins exactement, notre représentation de la morale vient du spectacle même des règles qui fonctionnent sous nos yeux et les figure schématiquement ; que, par conséquent, ce sont ces règles et non la vue som-

maire que nous en avons, qui forment la matière de
la science, de même que la physique a pour objet
les corps tels qu'ils existent, non l'idée que s'en fait
le vulgaire. Il en résulte qu'on prend pour base de la
morale ce qui n'en est que le sommet, à savoir la
manière dont elle se prolonge dans les consciences
individuelles et y retentit. Et ce n'est pas seulement
dans les problèmes les plus généraux de la science
que cette méthode est suivie; elle reste la même dans
les questions spéciales. Des idées essentielles qu'il
étudie au début, le moraliste passe aux idées secondaires de famille, de patrie, de responsabilité, de
charité, de justice; mais c'est toujours à des idées
que s'applique sa réflexion.

Il n'en est pas autrement de l'économie politique.
Elle a pour objet, dit Stuart Mill, les faits sociaux qui
se produisent principalement ou exclusivement en
vue de l'acquisition des richesses [1]. Mais pour que
les faits ainsi définis pussent être assignés, en tant
que choses, à l'observation du savant, il faudrait tout
au moins que l'on pût indiquer à quel signe il est
possible de reconnaître ceux qui satisfont à cette
condition. Or, au début de la science, on n'est même
pas en droit d'affirmer qu'il en existe, bien loin qu'on
puisse savoir quels ils sont. Dans tout ordre de
recherches, en effet, c'est seulement quand l'explication des faits est assez avancée qu'il est possible
d'établir qu'ils ont un but et quel il est. Il n'est pas
de problème plus complexe ni moins susceptible d'être
tranché d'emblée. Rien donc ne nous assure par
avance qu'il y ait une sphère de l'activité sociale où

---

1. *Système de Logique*, III, p. 496.

le désir de la richesse joue réellement ce rôle prépondérant. Par conséquent, la matière de l'économie
politique, ainsi comprise, est faite non de réalités
qui peuvent être montrées du doigt, mais de simples
possibles, de pures conceptions de l'esprit ; à savoir,
des faits que l'économiste *conçoit* comme se rapportant à la fin considérée, et tels qu'il les conçoit.
Entreprend-il, par exemple, d'étudier ce qu'il appelle
la production ? D'emblée, il croit pouvoir énumérer
les principaux agents à l'aide desquels elle a lieu et
les passer en revue. C'est donc qu'il n'a pas reconnu
leur existence en observant de quelles conditions
dépendait la chose qu'il étudie ; car alors il eût commencé par exposer les expériences d'où il a tiré cette
conclusion. Si, dès le début de la recherche et en
quelques mots, il procède à cette classification, c'est
qu'il l'a obtenue par une simple analyse logique. Il
part de l'idée de production ; en la décomposant, il
trouve qu'elle implique logiquement celles de forces
naturelles, de travail, d'instrument ou de capital et
il traite ensuite de la même manière ces idées dérivées [1].

La plus fondamentale de toutes les théories économiques, celle de la valeur, est manifestement construite d'après cette même méthode. Si la valeur y
était étudiée comme une réalité doit l'être, on verrait
d'abord l'économiste indiquer à quoi l'on peut reconnaître la chose appelée de ce nom, puis en classer

---

1. Ce caractère ressort des expressions mêmes employées par
les économistes. Il est sans cesse question d'idées, de l'idée
d'utile, de l'idée d'épargne, de placement, de dépense. (V. Gide,
Principes d'économie politique, liv. III, ch. I, § 1 ; ch. II, § 1 ;
ch. III, § 1.)

les espèces, chercher par des inductions méthodiques en fonction de quelles causes elles varient, comparer enfin ces divers résultats pour en dégager une formule générale. La théorie ne pourrait donc venir que quand la science a été poussée assez loin. Au lieu de cela, on la rencontre dès le début. C'est que, pour la faire, l'économiste se contente de se recueillir, de prendre conscience de l'idée qu'il se fait de la valeur, c'est-à-dire d'un objet susceptible de s'échanger; il trouve qu'elle implique l'idée de l'utile, celle du rare, etc., et c'est avec ces produits de son analyse qu'il construit sa définition. Sans doute il la confirme par quelques exemples. Mais quand on songe aux faits innombrables dont une pareille théorie doit rendre compte, comment accorder la moindre valeur démonstrative aux faits, nécessairement très rares, qui sont ainsi cités au hasard de la suggestion?

Aussi, en économie politique comme en morale, la part de l'investigation scientifique est-elle très restreinte; celle de l'art, prépondérante. En morale, la partie théorique est réduite à quelques discussions sur l'idée du devoir, du bien et du droit. Encore ces spéculations abstraites ne constituent-elles pas une science, à parler exactement, puisqu'elles ont pour objet de déterminer non ce qui est, en fait, la règle suprême de la moralité, mais ce qu'elle doit être. De même, ce qui tient le plus de place dans les recherches des économistes, c'est la question de savoir, par exemple, si la société *doit être* organisée d'après les conceptions des individualistes ou d'après celles des socialistes; *s'il est meilleur* que l'État intervienne dans les rapports industriels et commerciaux ou les abandonne entièrement à l'initiative privée; si le système

monétaire *doit être* le monométallisme ou le bimétal-
lisme, etc., etc. Les lois proprement dites y sont peu
nombreuses; même celles qu'on a l'habitude d'appeler ainsi ne méritent généralement pas cette qualification, mais ne sont que des maximes d'action,
des préceptes pratiques déguisés. Voilà, par exemple,
la fameuse loi de l'offre et de la demande. Elle n'a
jamais été établie inductivement, comme expression
de la réalité économique. Jamais aucune expérience,
aucune comparaison méthodique n'a été instituée
pour établir que, *en fait*, c'est suivant cette loi que
procèdent les relations économiques. Tout ce qu'on
a pu faire et tout ce qu'on a fait, c'est de démontrer
dialectiquement que les individus doivent procéder
ainsi, s'ils entendent bien leurs intérêts; c'est que
toute autre manière de faire leur serait nuisible et
impliquerait de la part de ceux qui s'y prêteraient une
véritable aberration logique. Il est logique que les
industries les plus productives soient les plus recher-
chées; que les détenteurs des produits les plus
demandés et les plus rares les vendent au plus haut
prix. Mais cette nécessité toute logique ne ressemble
en rien à celle que présentent les vraies lois de la
nature. Celles-ci expriment les rapports suivant lesquels les faits s'enchaînent réellement, non la manière
dont il est bon qu'ils s'enchaînent.

Ce que nous disons de cette loi peut être répété de
toutes les propositions que l'école orthodoxe qualifie
de naturelles et qui, d'ailleurs, ne sont guère que des
cas particuliers de la précédente. Elles sont naturelles, si l'on veut, en ce sens qu'elles énoncent les
moyens qu'il est ou qu'il peut paraître naturel d'employer pour atteindre telle fin supposée; mais elles

ne doivent pas être appelées de ce nom, si, par loi naturelle, on entend toute manière d'être de la nature, inductivement constatée. Elles ne sont en somme que des conseils de sagesse pratique et, si l'on a pu, plus ou moins spécieusement, les présenter comme l'expression même de la réalité, c'est que, à tort ou à raison, on a cru pouvoir supposer que ces conseils étaient effectivement suivis par la généralité des hommes et dans la généralité des cas.

Et cependant les phénomènes sociaux sont des choses et doivent être traités comme des choses. Pour démontrer cette proposition, il n'est pas nécessaire de philosopher sur leur nature, de discuter les analogies qu'ils présentent avec les phénomènes des règnes inférieurs. Il suffit de constater qu'ils sont l'unique *datum* offert au sociologue. Est chose, en effet, tout ce qui est donné, tout ce qui s'offre ou, plutôt, s'impose à l'observation. Traiter des phénomènes comme des choses, c'est les traiter en qualité de *data* qui constituent le point de départ de la science. Les phénomènes sociaux présentent incontestablement ce caractère. Ce qui nous est donné, ce n'est pas l'idée que les hommes se font de la valeur, car elle est inaccessible : ce sont les valeurs qui s'échangent réellement au cours des relations économiques. Ce n'est pas telle ou telle conception de l'idéal moral; c'est l'ensemble des règles qui déterminent effectivement la conduite. Ce n'est pas l'idée de l'utile ou de la richesse; c'est tout le détail de l'organisation économique. Il est possible que la vie sociale ne soit que le développement de certaines notions; mais, à supposer que cela soit, ces notions ne sont pas données immédiatement. On ne peut donc les atteindre directement, mais seulement à travers la réalité phénoménale qui les exprime. Nous ne savons pas *a priori* quelles idées sont à l'origine des divers courants entre lesquels se partage la vie sociale ni s'il y en a ; c'est seulement après les avoir remontés jusqu'à leurs sources que nous saurons d'où ils proviennent.

Il nous faut donc considérer les phénomènes sociaux en eux-mêmes, détachés des sujets conscients qui se les représentent ; il faut les étudier du dehors comme des choses extérieures ; car c'est en cette qualité qu'ils se présentent à nous. Si cette extériorité n'est qu'apparente, l'illusion se dissipera à mesure que la science avancera et l'on verra, pour ainsi dire, le dehors rentrer dans le dedans. Mais la solution ne peut être préjugée et, alors même que, finalement, ils n'auraient pas tous les caractères intrinsèques de la chose, on doit d'abord les traiter comme s'ils les avaient. Cette règle s'applique donc à la réalité sociale tout entière, sans qu'il y ait lieu de faire aucune exception. Même les phénomènes qui paraissent le plus consister en arrangements artificiels doivent être considérés de ce point de vue. *Le caractère conventionnel d'une pratique ou d'une institution ne doit jamais être présumé.* Si, d'ailleurs, il nous est permis d'invoquer notre expérience personnelle, nous croyons pouvoir assurer que, en procédant de cette manière, on aura souvent la satisfaction de voir les faits en apparence les plus arbitraires présenter ensuite à une observation plus attentive des caractères de constance et de régularité, symptômes de leur objectivité.

Du reste, et d'une manière générale, ce qui a été

dit précédemment sur les caractères distinctifs du fait social, suffit à nous rassurer sur la nature de cette objectivité et à prouver qu'elle n'est pas illusoire. En effet, on reconnaît principalement une chose à ce signe qu'elle ne peut pas être modifiée par un simple décret de la volonté. Ce n'est pas qu'elle soit réfractaire à toute modification. Mais, pour y produire un changement, il ne suffit pas de le vouloir, il faut encore un effort plus ou moins laborieux, dû à la résistance qu'elle nous oppose et qui, d'ailleurs, ne peut pas toujours être vaincue. Or nous avons vu que les faits sociaux ont cette propriété. Bien loin qu'ils soient un produit de notre volonté, ils la déterminent du dehors ; ils consistent comme en des moules en lesquels nous sommes nécessités à couler nos actions. Souvent même, cette nécessité est telle que nous ne pouvons pas y échapper. Mais, alors même que nous parvenons à en triompher, l'opposition que nous rencontrons suffit à nous avertir que nous sommes en présence de quelque chose qui ne dépend pas de nous. Donc, en considérant les phénomènes sociaux comme des choses, nous ne ferons que nous conformer à leur nature.

En définitive, la réforme qu'il s'agit d'introduire en sociologie est de tous points identique à celle qui a transformé la psychologie dans ces trente dernières années. De même que Comte et M. Spencer déclarent que les faits sociaux sont des faits de nature, sans cependant les traiter comme des choses, les différentes écoles empiriques avaient, depuis longtemps, reconnu le caractère naturel des phénomènes psychologiques tout en continuant à leur appliquer une méthode purement idéologique. En effet, les empiristes, non

moins que leurs adversaires, procédaient exclusivement par introspection. Or, les faits que l'on n'observe que sur soi-même sont trop rares, trop fuyants,
trop malléables pour pouvoir s'imposer aux notions
correspondantes que l'habitude a fixées en nous et
leur faire la loi. Quand donc ces dernières ne sont
pas soumises à un autre contrôle, rien ne leur fait
contrepoids; par suite, elles prennent la place des
aits et constituent la matière de la science. Aussi ni
Locke, ni Condillac n'ont-ils considéré les phénomènes psychiques objectivement. Ce n'est pas la
sensation qu'ils étudient, mais une certaine idée de
la sensation. C'est pourquoi, quoique, à de certains
égards, ils aient préparé l'avènement de la psychologie scientifique, celle-ci n'a vraiment pris naissance
que beaucoup plus tard, quand on fut enfin parvenu
à cette conception que les états de conscience peuvent
et doivent être considérés du dehors, et non du point
de vue de la conscience qui les éprouve. Telle est la
grande révolution qui s'est accomplie en ce genre
d'études. Tous les procédés particuliers, toutes les
méthodes nouvelles dont on a enrichi cette science
ne sont que des moyens divers pour réaliser plus
complètement cette idée fondamentale. C'est ce même
progrès qui reste à faire à la sociologie. Il faut qu'elle
passe du stade subjectif, qu'elle n'a encore guère
dépassé, à la phase objective.

Ce passage y est, d'ailleurs, moins difficile à effec-
tuer qu'en psychologie. En effet, les faits psychiques
sont naturellement donnés comme des états du sujet,
dont ils ne paraissent même pas séparables. Intérieurs
par définition, il semble qu'on ne puisse les traiter
comme extérieurs qu'en faisant violence à leur nature.

Il faut non seulement un effort d'abstraction, mais tout un ensemble de procédés et d'artifices pour arriver à les considérer de ce biais. Au contraire, les faits sociaux ont bien plus naturellement et plus immédiatement tous les caractères de la chose. Le droit existe dans les codes, les mouvements de la vie quotidienne s'inscrivent dans les chiffres de la statistique, dans les monuments de l'histoire, les modes dans les costumes, les goûts dans les œuvres d'art. Ils tendent en vertu de leur nature même à se constituer en dehors des consciences individuelles, puisqu'ils les dominent. Pour les voir sous leur aspect de choses, il n'est donc pas nécessaire de les torturer avec ingéniosité. De ce point de vue, la sociologie a sur la psychologie un sérieux avantage qui n'a pas été aperçu jusqu'ici et qui doit en hâter le développement. Les faits sont peut-être plus difficiles à interpréter parce qu'ils sont plus complexes, mais ils sont plus faciles à atteindre. La psychologie, au contraire, n'a pas seulement du mal à les élaborer, mais aussi à les saisir. Par conséquent, il est permis de croire que, du jour où ce principe de la méthode sociologique sera unanimement reconnu et pratiqué, on verra la sociologie progresser avec une rapidité que la lenteur actuelle de son développement ne ferait guère supposer, et regagner même l'avance que la psychologie doit uniquement à son antériorité historique [1].

1. Il est vrai que la complexité plus grande des faits sociaux en rend la science plus malaisée. Mais, par compensation, précisément parce que la sociologie est la dernière venue, elle est en état de profiter des progrès réalisés par les sciences inférieures et de s'instruire à leur école. Cette utilisation des expériences faites ne peut manquer d'en accélérer le développement.

II

Mais l'expérience de nos devanciers nous a montré que, pour assurer la réalisation pratique de la vérité qui vient d'être établie, il ne suffit pas d'en donner une démonstration théorique ni même de s'en pénétrer. L'esprit est si naturellement enclin à la méconnaître qu'on retombera inévitablement dans les anciens errements si l'on ne se soumet à une discipline rigoureuse, dont nous allons formuler les règles principales, corollaires de la précédente.

1º Le premier de ces corollaires est que : *Il faut écarter systématiquement toutes les prénotions.* Une démonstration spéciale de cette règle n'est pas nécessaire ; elle résulte de tout ce que nous avons dit précédemment. Elle est, d'ailleurs, la base de toute méthode scientifique. Le doute méthodique de Descartes n'en est, au fond, qu'une application. Si, au moment où il va fonder la science, Descartes se fait une loi de mettre en doute toutes les idées qu'il a reçues antérieurement, c'est qu'il ne veut employer que des concepts scientifiquement élaborés, c'est-à-dire construits d'après la méthode qu'il institue ; tous ceux qu'il tient d'une autre origine doivent donc être rejetés, au moins provisoirement. Nous avons déjà vu que la théorie des Idoles, chez Bacon, n'a pas d'autre sens. Les deux grandes doctrines que l'on a si souvent opposées l'une à l'autre concordent sur ce point essentiel. Il faut donc que le sociologue, soit au moment où il détermine l'objet de ses recherches, soit dans le cours de ses démonstrations, s'interdise

résolument l'emploi de ces concepts qui se sont formés
en dehors de la science et pour des besoins qui n'ont
rien de scientifique. Il faut qu'il s'affranchisse de ces
fausses évidences qui dominent l'esprit du vulgaire,
qu'il secoue, une fois pour toutes, le joug de ces catégories empiriques qu'une longue accoutumance finit
souvent par rendre tyranniques. Tout au moins, si,
parfois, la nécessité l'oblige à y recourir, qu'il le fasse
en ayant conscience de leur peu de valeur, afin de
ne pas les appeler à jouer dans la doctrine un rôle dont
elles ne sont pas dignes.

Ce qui rend cet affranchissement particulièrement
difficile en sociologie, c'est que le sentiment se met
souvent de la partie. Nous nous passionnons, en effet,
pour nos croyances politiques et religieuses, pour
nos pratiques morales bien autrement que pour les
choses du monde physique ; par suite, ce caractère
passionnel se communique à la manière dont nous
concevons et dont nous nous expliquons les premières.
Les idées que nous nous en faisons nous tiennent à
cœur, tout comme leurs objets, et prennent ainsi une
telle autorité qu'elles ne supportent pas la contradiction. Toute opinion qui les gêne est traitée en enne-
mie. Une proposition n'est-elle pas d'accord avec
l'idée qu'on se fait du patriotisme, ou de la dignité
individuelle, par exemple ? Elle est niée, quelles que
soient les preuves sur lesquelles elle repose. On ne
peut pas admettre qu'elle soit vraie ; on lui oppose
une fin de non-recevoir, et la passion, pour se justifier, n'a pas de peine à suggérer des raisons qu'on
trouve facilement décisives. Ces notions peuvent même
avoir un tel prestige qu'elles ne tolèrent même pas
l'examen scientifique. Le seul fait de les soumettre,

ainsi que les phénomènes qu'elles expriment, à une froide et sèche analyse révolte certains esprits. Quiconque entreprend d'étudier la morale du dehors et comme une réalité extérieure, paraît à ces délicats dénué de sens moral, comme le vivisectionniste semble au vulgaire dénué de la sensibilité commune. Bien loin d'admettre que ces sentiments relèvent de la science, c'est à eux que l'on croit devoir s'adresser pour faire la science des choses auxquelles ils se rapportent. « Malheur, écrit un éloquent historien des religions, malheur au savant qui aborde les choses de Dieu sans avoir au fond de sa conscience, dans l'arrière-couche indestructible de son être, là où dort l'âme des ancêtres, un sanctuaire inconnu d'où s'élève par instants un parfum d'encens, une ligne de psaume, un cri douloureux ou triomphal qu'enfant il a jeté vers le ciel à la suite de ses frères et qui le remet en communion soudaine avec les prophètes d'autrefois [1] ! »

On ne saurait s'élever avec trop de force contre cette doctrine mystique qui — comme tout mysticisme, d'ailleurs — n'est, au fond, qu'un empirisme déguisé, négateur de toute science. Les sentiments qui ont pour objets les choses sociales n'ont pas de privilège sur les autres, car ils n'ont pas une autre origine. Ils se sont, eux aussi, formés historiquement; ils sont un produit de l'expérience humaine, mais d'une expérience confuse et inorganisée. Ils ne sont pas dus à je ne sais quelle anticipation transcendantale de la réalité, mais ils sont la résultante de toute sorte d'impressions et d'émotions accumulées

---

1. J. Darmesteter, *Les prophètes d'Israël*, p. 9.

sans ordre, au hasard des circonstances, sans interprétation méthodique. Bien loin qu'ils nous apportent
des clartés supérieures aux clartés rationnelles, ils
sont faits exclusivement d'états forts, il est vrai, mais
troubles. Leur accorder une pareille prépondérance,
c'est donner aux facultés inférieures de l'intelligence
la suprématie sur les plus élevées, c'est se condamner
à une logomachie plus ou moins oratoire. Une science
ainsi faite ne peut satisfaire que les esprits qui aiment
mieux penser avec leur sensibilité qu'avec leur enten-
dement, qui préfèrent les synthèses immédiates et
confuses de la sensation aux analyses patientes et
lumineuses de la raison. Le sentiment est objet de
science, non le critère de la vérité scientifique. Au
reste, il n'est pas de science qui, à ses débuts, n'ait
rencontré des résistances analogues. Il fut un temps
où les sentiments relatifs aux choses du monde physique, ayant eux-mêmes un caractère religieux ou
moral, s'opposaient avec non moins de force à l'établissement des sciences physiques. On peut donc
croire que, pourchassé de science en science, ce pré-
jugé finira par disparaître de la sociologie elle-même,
sa dernière retraite, pour laisser le terrain libre au
savant.

2° Mais la règle précédente est toute négative. Elle
apprend au sociologue à échapper à l'empire des
notions vulgaires, pour tourner son attention vers
les faits; mais elle ne dit pas la manière dont il
doit se saisir de ces derniers pour en faire une étude
objective.

Toute investigation scientifique porte sur un groupe
déterminé de phénomènes qui répondent à une même

définition. La première démarche du sociologue doit donc être de définir les choses dont il traite, afin que l'on sache et qu'il sache bien de quoi il est question. C'est la première et la plus indispensable condition de toute preuve et de toute vérification; une théorie, en effet, ne peut être contrôlée que si l'on sait reconnaître les faits dont elle doit rendre compte. De plus, puisque c'est par cette définition initiale qu'est constitué l'objet même de la science, celui-ci sera une chose ou non, suivant la manière dont cette définition sera faite.

Pour qu'elle soit objective, il faut évidemment qu'elle exprime les phénomènes en fonction, non d'une idée de l'esprit, mais de propriétés qui leur sont inhérentes. Il faut qu'elle les caractérise par un élément intégrant de leur nature, non par leur conformité à une notion plus ou moins idéale. Or, au moment où la recherche va seulement commencer, alors que les faits n'ont encore été soumis à aucune élaboration, les seuls de leurs caractères qui puissent être atteints sont ceux qui se trouvent assez extérieurs pour être immédiatement visibles. Ceux qui sont situés plus profondément sont, sans doute, plus essentiels; leur valeur explicative est plus haute, mais ils sont inconnus à cette phase de la science et ne peuvent être anticipés que si l'on substitue à la réalité quelque conception de l'esprit. C'est donc parmi les premiers que doit être cherchée la matière de cette définition fondamentale. D'autre part, il est clair que cette définition devra comprendre, sans exception ni distinction, tous les phénomènes qui présentent également ces mêmes caractères; car nous n'avons aucune raison ni aucun moyen de choisir entre eux. Ces propriétés sont alors tout ce que nous savons du réel; par conséquent, elles doivent déterminer souverainement la manière dont les faits doivent être groupés. Nous ne possédons aucun autre critère qui puisse, même partiellement, suspendre les effets du précédent. D'où la règle suivante : *Ne jamais prendre pour objet de recherches qu'un groupe de phénomènes préalablement définis par certains caractères extérieurs qui leur sont communs et comprendre dans la même recherche tous ceux qui répondent à cette définition.* Par exemple, nous constatons l'existence d'un certain nombre d'actes qui présentent tous ce caractère extérieur que, une fois accomplis, ils déterminent de la part de la société cette réaction particulière qu'on nomme la peine. Nous en faisons un groupe *sui generis*, auquel nous imposons une rubrique commune; nous appelons crime tout acte puni et nous faisons du crime ainsi défini l'objet d'une science spéciale, la criminologie. De même, nous observons, à l'intérieur de toutes les sociétés connues, l'existence d'une société partielle, reconnaissable à ce signe extérieur qu'elle est formée d'individus consanguins, pour la plupart, les uns des autres et qui sont unis entre eux par des liens juridiques. Nous faisons des faits qui s'y rapportent un groupe particulier, auquel nous donnons un nom particulier; ce sont les phénomènes de la vie domestique. Nous appelons famille tout agrégat de ce genre et nous faisons de la famille ainsi définie l'objet d'une investigation spéciale qui n'a pas encore reçu de dénomination déterminée dans la terminologie sociologique. Quand, plus tard, on passera de la famille en général aux différents types familiaux, on appliquera

3.

la même règle. Quand on abordera, par exemple, l'étude du clan, ou de la famille maternelle, ou de la famille patriarcale, on commencera par les définir et d'après la même méthode. L'objet de chaque problème, qu'il soit général ou particulier, doit être constitué suivant le même principe.

En procédant de cette manière, le sociologue, dès sa première démarche, prend immédiatement pied dans la réalité. En effet, la façon dont les faits sont ainsi classés ne dépend pas de lui, de la tournure particulière de son esprit, mais de la nature des choses. Le signe qui les fait ranger dans telle ou telle catégorie peut être montré à tout le monde, reconnu de tout le monde et les affirmations d'un observateur peuvent être contrôlées par les autres. Il est vrai que la notion ainsi constituée ne cadre pas toujours ou même ne cadre généralement pas avec la notion commune. Par exemple, il est évident que, pour le sens commun, les faits de libre pensée ou les manquements à l'étiquette, si régulièrement et si sévèrement punis dans une multitude de sociétés, ne sont pas regardés comme des crimes même par rapport à ces sociétés. De même, un clan n'est pas une famille, dans l'acception usuelle du mot. Mais il n'importe ; car il ne s'agit pas simplement de découvrir un moyen qui nous permette de retrouver assez sûrement les faits auxquels s'appliquent les mots de la langue courante et les idées qu'ils traduisent. Ce qu'il faut, c'est constituer de toutes pièces des concepts nouveaux, appropriés aux besoins de la science et exprimés à l'aide d'une terminologie spéciale. Ce n'est pas, sans doute, que le concept vulgaire soit inutile au savant ; il sert d'indicateur. Par lui, nous sommes informés

qu'il existe quelque part un ensemble de phénomènes
qui sont réunis sous une même appellation et qui,
par conséquent, doivent vraisemblablement avoir des
caractères communs; même, comme il n'est jamais
sans avoir eu quelque contact avec les phénomènes,
il nous indique parfois, mais en gros, dans quelle
direction ils doivent être recherchés. Mais, comme
il est grossièrement formé, il est tout naturel qu'il ne
coïncide pas exactement avec le concept scientifique,
institué à son occasion [1].

Si évidente et si importante que soit cette règle,
elle n'est guère observée en sociologie. Précisément
parce qu'il y est traité de choses dont nous parlons
sans cesse, comme la famille, la propriété, le
crime, etc., il paraît le plus souvent inutile au sociologue d'en donner une définition préalable et rigoureuse. Nous sommes tellement habitués à nous servir
de ces mots, qui reviennent à tout instant dans le
cours des conversations, qu'il semble inutile de préciser le sens dans lequel nous les prenons. On s'en
réfère simplement à la notion commune. Or celle-ci
est très souvent ambiguë. Cette ambiguïté fait qu'on
réunit sous un même nom et dans une même expli-

---

1. Dans la pratique, c'est toujours du concept vulgaire et
du mot vulgaire que l'on part. On cherche si, parmi les choses
que connote confusément ce mot, il en est qui présentent
des caractères extérieurs communs. S'il y en a et si le concept formé par le groupement des faits ainsi rapprochés coïncide, sinon totalement (ce qui est rare), du moins en majeure
partie, avec le concept vulgaire, on pourra continuer à désigner le premier par le même mot que le second et garder
dans la science l'expression usitée dans la langue courante.
Mais si l'écart est trop considérable, si la notion commune
confond une pluralité de notions distinctes, la création de
termes nouveaux et spéciaux s'impose.

cation des choses, en réalité, très différentes. De là proviennent d'inextricables confusions. Ainsi, il existe deux sortes d'unions monogamiques : les unes le sont de fait, les autres de droit. Dans les premières, le mari n'a qu'une femme quoique, juridiquement, il puisse en avoir plusieurs ; dans les secondes, il lui est légalement interdit d'être polygame. La monogamie de fait se rencontre chez plusieurs espèces animales et dans certaines sociétés inférieures, non pas à l'état sporadique, mais avec la même généralité que si elle était imposée par la loi. Quand la peuplade , est dispersée sur une vaste surface, la trame sociale est très lâche et, par suite, les individus vivent isolés les uns des autres. Dès lors, chaque homme cherche naturellement à se procurer une femme et une seule, parce que, dans cet état d'isolement, il lui est difficile d'en avoir plusieurs. La monogamie obligatoire, au contraire, ne s'observe que dans les sociétés les plus élevées. Ces deux espèces de sociétés conjugales ont donc une signification très différente, et pourtant le même mot sert à les désigner ; car on dit couramment de certains animaux qu'ils sont monogames, quoiqu'il n'y ait chez eux rien qui ressemble à une obligation juridique. Or M. Spencer, abordant l'étude du mariage, emploie le mot de monogamie, sans le définir, avec son sens usuel et équivoque. Il en résulté que l'évolution du mariage lui paraît présenter une incompréhensible anomalie, puisqu'il croit observer la forme supérieure de l'union sexuelle dès les premières phases du développement historique, alors qu'elle semble plutôt disparaître dans la période intermédiaire pour réapparaître ensuite. Il en conclut qu'il n'y a pas de rapport régulier entre le progrès social en général et l'avancement progressif vers un type parfait de vie familiale. Une définition opportune eût prévenu cette erreur [1].

Dans d'autres cas, on prend bien soin de définir l'objet sur lequel va porter la recherche; mais, au lieu de comprendre dans la définition et de grouper sous la même rubrique tous les phénomènes qui ont les mêmes propriétés extérieures, on fait entre eux un triage. On en choisit certains, sorte d'élite, que l'on regarde comme ayant seuls le droit d'avoir ces caractères. Quant aux autres, on les considère comme ayant usurpé ces signes distinctifs et on n'en tient pas compte. Mais il est aisé de prévoir que l'on ne peut obtenir de cette manière qu'une notion subjective et tronquée. Cette élimination, en effet, ne peut être faite que d'après une idée préconçue, puisque, au début de la science, aucune recherche n'a pu encore établir la réalité de cette usurpation, à supposer qu'elle soit possible. Les phénomènes choisis ne peuvent avoir été retenus que parce qu'ils étaient, plus que les autres, conformes à la conception idéale que l'on se faisait de cette sorte de réalité. Par exemple, M. Garofalo, au commencement de sa *Criminologie*, démontre fort bien que le point de départ de cette science doit être « la notion sociologique du crime [2] ». Seulement, pour constituer cette notion, il ne compare pas indistinctement tous les actes qui, dans les différents types sociaux, ont été réprimés par

---

1. C'est la même absence de définition qui a fait dire parfois que la démocratie se rencontrait également au commencement et à la fin de l'histoire. La vérité, c'est que la démocratie primitive et celle d'aujourd'hui sont très différentes l'une de l'autre.

2. *Criminologie*, p. 2.

des peines régulières, mais seulement certains d'entre
eux, à savoir ceux qui offensent la partie moyenne
et immuable du sens moral. Quant aux sentiments
moraux qui ont disparu dans la suite de l'évolution,
ils ne lui paraissent pas fondés dans la nature des
choses pour cette raison qu'ils n'ont pas réussi à se
maintenir ; par suite, les actes qui ont été réputés criminels parce qu'ils les violaient, lui semblent n'avoir
dû cette dénomination qu'à des circonstances acci-
dentelles et plus ou moins pathologiques. Mais c'est
en vertu d'une conception toute personnelle de la
moralité qu'il procède à cette élimination. Il part de
cette idée que l'évolution morale, prise à sa source
même ou dans les environs, roule toute sorte de sco-
ries et d'impuretés qu'elle élimine ensuite progressivement, et qu'aujourd'hui seulement elle est parvenue
à se débarrasser de tous les éléments adventices qui,
primitivement, en troublaient le cours. Mais ce principe n'est ni un axiome évident, ni une vérité démontrée ; ce n'est qu'une hypothèse, que rien même ne
justifie. Les parties variables du sens moral ne sont
pas moins fondées dans la nature des choses que
les parties immuables ; les variations par lesquelles
ont passé les premières témoignent seulement que
les choses elles-mêmes ont varié. En zoologie, les
formes spéciales aux espèces inférieures ne sont pas
regardées comme moins naturelles que celles qui se
répètent à tous les degrés de l'échelle animale. De
même, les actes taxés crimes par les sociétés primitives, et qui ont perdu cette qualification, sont réellement criminels par rapport à ces sociétés, tout comme
ceux que nous continuons à réprimer aujourd'hui.
Les premiers correspondent aux conditions chan-

geantes de la vie sociale, les seconds aux conditions
constantes; mais les uns ne sont pas plus artificiels
que les autres.

Il y a plus : alors même que ces actes auraient
indûment revêtu le caractère criminologique, néanmoins ils ne devraient pas être séparés radicalement
des autres; car les formes morbides d'un phénomène
ne sont pas d'une autre nature que les formes normales et, par conséquent, il est nécessaire d'observer
les premières comme les secondes pour déterminer
cette nature. La maladie ne s'oppose pas à la santé;
ce sont deux variétés du même genre et qui s'éclai-
rent mutuellement. C'est une règle depuis longtemps
reconnue et pratiquée en biologie comme en psychologie et que le sociologue n'est pas moins tenu de
respecter. A moins d'admettre qu'un même phénomène puisse être dû tantôt à une cause et tantôt à
une autre, c'est-à-dire à moins de nier le principe de
causalité, les causes qui impriment à un acte, mais
d'une manière anormale, le signe distinctif du crime,
ne sauraient différer en espèce de celles qui produisent normalement le même effet; elles s'en distinguent
seulement en degré ou parce qu'elles n'agissent pas
dans le même ensemble de circonstances. Le crime
anormal est donc encore un crime et doit, par suite,
entrer dans la définition du crime. Aussi qu'arrive-
t-il? C'est que M. Garofalo prend pour le genre ce qui
n'est que l'espèce ou même une simple variété. Les
faits auxquels s'applique sa formule de la criminalité
ne représentent qu'une infime minorité parmi ceux
qu'elle devrait comprendre; car elle ne convient ni
aux crimes religieux, ni aux crimes contre l'étiquette,
le cérémonial, la tradition, etc., qui, s'ils ont disparu

de nos Codes modernes, remplissent, au contraire, presque tout le droit pénal des sociétés antérieures.

[C'est la même faute de méthode qui fait que certains observateurs refusent aux sauvages toute espèce de moralité [1]. Ils partent de cette idée que notre morale est la morale ; or il est évident qu'elle est inconnue des peuples primitifs ou qu'elle n'y existe qu'à l'état rudimentaire. Mais cette définition est arbitraire. Appliquons notre règle et tout change. Pour décider si un précepte est moral ou non, nous devons examiner s'il présente ou non le signe extérieur de la moralité ; ce signe consiste dans une sanction répressive diffuse, c'est-à-dire dans un blâme de l'opinion publique qui venge toute violation du précepte.] Toutes les fois que nous sommes en présence d'un fait qui présente ce caractère, nous n'avons pas le droit de lui dénier la qualification de moral ; car c'est la preuve qu'il est de même nature que les autres faits moraux. Or, non seulement des règles de ce genre se rencontrent dans les sociétés inférieures, mais elles y sont plus nombreuses que chez les civilisés. Une multitude d'actes qui, actuellement, sont abandonnés à la libre appréciation des individus, sont alors imposés obligatoirement. On voit à quelles erreurs on est entraîné soit quand on ne définit pas, soit quand on définit mal.

Mais, dira-t-on, définir les phénomènes par leurs caractères apparents, n'est-ce pas attribuer aux propriétés superficielles une sorte de prépondérance sur

---

1. V. Lubbock, *Les Origines de la civilisation*, ch. VIII. — Plus généralement encore, on dit, non moins faussement, que les religions anciennes sont amorales ou immorales. La vérité est qu'elles ont leur morale à elles.

les attributs fondamentaux; n'est-ce pas, par un véritable renversement de l'ordre logique, faire reposer les choses sur leurs sommets, et non sur leurs bases? C'est ainsi que, quand on définit le crime par la peine, on s'expose presque inévitablement à être accusé de vouloir dériver le crime de la peine ou, suivant une citation bien connue, de voir dans l'échafaud la source de la honte, non dans l'acte expié. Mais le reproche repose sur une confusion. Puisque la définition dont nous venons de donner la règle est placée au commencement de la science, elle ne saurait avoir pour objet d'exprimer l'essence de la réalité; elle doit seulement nous mettre en état d'y parvenir ultérieurement. Elle a pour unique fonction de nous faire prendre contact avec les choses et, comme celles-ci ne peuvent être atteintes par l'esprit que du dehors, c'est par leurs dehors qu'elle les exprime. Mais elle ne les explique pas pour autant; elle fournit seulement le premier point d'appui nécessaire à nos explications. Non certes, ce n'est pas la peine qui fait le crime, mais c'est par elle qu'il se révèle extérieurement à nous et c'est d'elle, par conséquent, qu'il faut partir si nous voulons arriver à le comprendre.

L'objection ne serait fondée que si ces caractères extérieurs étaient en même temps accidentels, c'est-à-dire s'ils n'étaient pas liés aux propriétés fondamentales. Dans ces conditions, en effet, la science, après les avoir signalés, n'aurait aucun moyen d'aller plus loin; elle ne pourrait descendre plus bas dans la réalité, puisqu'il n'y aurait aucun rapport entre la surface et le fond. Mais, à moins que le principe de causalité ne soit un vain mot, quand des caractères déterminés se retrouvent identiquement et sans aucune exception dans tous les phénomènes d'un certain ordre, on peut être assuré qu'ils tiennent étroitement à la nature de ces derniers et qu'ils en sont solidaires. Si un groupe donné d'actes présente également cette particularité qu'une sanction pénale y est attachée, c'est qu'il existe un lien intime entre la peine et les attributs constitutifs de ces actes. Par conséquent, si superficielles qu'elles soient, ces propriétés, pourvu qu'elles aient été méthodiquement observées, montrent bien au savant la voie qu'il doit suivre pour pénétrer plus au fond des choses ; elles sont le premier et indispensable anneau de la chaîne que la science déroulera ensuite au cours de ses explications.

Puisque c'est par la sensation que l'extérieur des choses nous est donné, on peut donc dire en résumé : la science, pour être objective, doit partir, non de concepts qui se sont formés sans elle, mais de la sensation. C'est aux données sensibles qu'elle doit directement emprunter les éléments de ses définitions initiales. Et en effet, il suffit de se représenter en quoi consiste l'œuvre de la science pour comprendre qu'elle ne peut pas procéder autrement. Elle a besoin de concepts qui expriment adéquatement les choses, telles qu'elles sont, non telles qu'il est utile à la pratique de les concevoir. Or ceux qui se sont constitués en dehors de son action ne répondent pas à cette condition. Il faut donc qu'elle en crée de nouveaux et, pour cela, qu'écartant les notions communes et les mots qui les expriment, elle revienne à la sensation, matière première et nécessaire de tous les concepts. C'est de la sensation que se dégagent toutes les idées générales, vraies ou fausses, scientifiques

ou non. Le point de départ de la science ou connaissance spéculative ne saurait donc être autre que celui
de la connaissance vulgaire ou pratique. C'est seulement au delà, dans la manière dont cette matière
commune est ensuite élaborée, que les divergences
commencent.

3º Mais la sensation est facilement subjective. Aussi
est-il de règle dans les sciences naturelles d'écarter
les données sensibles qui risquent d'être trop personnelles à l'observateur, pour retenir exclusivement
celles qui présentent un suffisant degré d'objectivité.
C'est ainsi que le physicien substitue aux vagues
impressions que produisent la température ou l'élec-
tricité la représentation visuelle des oscillations du
thermomètre ou de l'électromètre. Le sociologue est
tenu aux mêmes précautions. Les caractères extérieurs en fonction desquels il définit l'objet de ses
recherches doivent être aussi objectifs que possible.

On peut poser en principe que les faits sociaux sont
d'autant plus susceptibles d'être objectivement représentés qu'ils sont plus complètement dégagés des
faits individuels qui les manifestent.

En effet, une sensation est d'autant plus objective
que l'objet auquel elle se rapporte a plus de fixité;
car la condition de toute objectivité, c'est l'existence
d'un point de repère, constant et identique, auquel
la représentation peut être rapportée et qui permet
d'éliminer tout ce qu'elle a de variable, partant de
subjectif. Si les seuls points de repère qui sont donnés sont eux-mêmes variables, s'ils sont perpétuellement divers par rapport à eux-mêmes, toute commune
mesure fait défaut et nous n'avons aucun moyen de

distinguer dans nos impressions ce qui dépend du dehors, et ce qui leur vient de nous. Or, la vie sociale, tant qu'elle n'est pas arrivée à s'isoler des événements particuliers qui l'incarnent pour se constituer à part, a justement cette propriété, car, comme ces événements n'ont pas la même physionomie d'une fois à l'autre, d'un instant à l'autre et qu'elle en est inséparable, ils lui communiquent leur mobilité. Elle consiste alors en libres courants qui sont perpétuellement en voie de transformation et que le regard de l'observateur ne parvient pas à fixer. C'est dire que ce côté n'est pas celui par où le savant peut aborder l'étude de la réalité sociale. Mais nous savons qu'elle présente cette particularité que, sans cesser d'être elle-même, elle est susceptible de se cristalliser. En dehors des actes individuels qu'elles suscitent, les habitudes collectives s'expriment sous des formes définies, règles juridiques, morales, dictons populaires, faits de structure sociale, etc. Comme ces formes existent d'une manière permanente, qu'elles ne changent pas avec les diverses applications qui en sont faites, elles constituent un objet fixe, un étalon constant qui est toujours à la portée de l'observateur et qui ne laisse pas de place aux impressions subjectives et aux observations personnelles. Une règle du droit est ce qu'elle est et il n'y a pas deux manières de la percevoir. Puisque, d'un autre côté, ces pratiques ne sont que de la vie sociale consolidée, il est légitime, sauf indications contraires[1], d'étudier celle-ci à travers celles-là.

---

1. Il faudrait, par exemple, avoir des raisons de croire que, à un moment donné, le droit n'exprime plus l'état véritable des relations sociales, pour que cette substitution ne fût pas légitime.

Quand, donc, le sociologue entreprend d'explorer un ordre quelconque de faits sociaux, il doit s'efforcer de les considérer par un côté où ils se présentent isolés de leurs manifestations individuelles. C'est en vertu de ce principe que nous avons étudié la solidarité sociale, ses formes diverses et leur évolution à travers le système des règles juridiques qui les expriment [1]. De même, si l'on essaie de distinguer et de classer les différents types familiaux d'après les descriptions littéraires que nous en donnent les voyageurs et, parfois, les historiens, on s'expose à confondre les espèces les plus différentes, à rapprocher les types les plus éloignés. Si, au contraire, on prend pour base de cette classification la constitution juridique de la famille et, plus spécialement, le droit successoral, on aura un critère objectif qui, sans être infaillible, préviendra cependant bien des erreurs [2]. Veut-on classer les différentes sortes de crimes? on s'efforcera de reconstituer les manières de vivre, les coutumes professionnelles usitées dans les différents mondes du crime, et on reconnaîtra autant de types criminologiques que cette organisation présente de formes différentes. Pour atteindre les mœurs, les croyances populaires, on s'adressera aux proverbes, aux dictons qui les expriment. Sans doute, en procédant ainsi, on laisse provisoirement en dehors de la science la matière concrète de la vie collective, et cependant, si changeante qu'elle soit, on n'a pas le droit d'en postuler *a priori* l'inintelligibilité. Mais si l'on veut suivre une voie méthodique,

1. V. *Division du travail social*, l. I.
2. Cf. notre *Introduction à la Sociologie de la famille*, in *Annales de la Faculté des lettres de Bordeaux*, année 1889.

il faut établir les premières assises de la science sur un terrain ferme et non sur un sable mouvant. Il faut aborder le règne social par les endroits où il offre le plus prise à l'investigation scientifique. C'est seulement ensuite qu'il sera possible de pousser plus loin la recherche, et, par des travaux d'approche progressifs, d'enserrer peu à peu cette réalité fuyante dont l'esprit humain ne pourra jamais, peut-être, se saisir complètement.

CHAPITRE III

RÈGLES RELATIVES A LA DISTINCTION DU NORMAL ET DU PATHOLOGIQUE

L'observation, conduite d'après les règles qui précèdent, confond deux ordres de faits, très dissemblables par certains côtés : ceux qui sont tout ce qu'ils doivent être et ceux qui devraient être autrement qu'ils ne sont, les phénomènes normaux et les phénomènes pathologiques. Nous avons même vu qu'il était nécessaire de les comprendre également dans la définition par laquelle doit débuter toute recherche. Mais si, à certains égards, ils sont de même nature, ils ne laissent pas de constituer deux variétés différentes et qu'il importe de distinguer. La science dispose-t-elle de moyens qui permettent de faire cette distinction?

La question est de la plus grande importance; car de la solution qu'on en donne dépend l'idée qu'on se fait du rôle qui revient à la science, surtout à la science de l'homme. D'après une théorie dont les partisans se recrutent dans les écoles les plus diverses, la science ne nous apprendrait rien sur ce que nous devons vouloir. Elle ne connaît, dit-on, que des faits qui ont tous la même valeur et le même intérêt; elle les observe, les explique, mais ne les juge pas; pour elle, il n'y en a point qui soient blâmables. Le bien et le mal n'existent pas à ses yeux. Elle peut bien nous dire comment les causes produisent leurs effets, non quelles fins doivent être poursuivies. Pour savoir, non plus ce qui est, mais ce qui est désirable, c'est aux suggestions de l'inconscient qu'il faut recourir, de quelque nom qu'on l'appelle, sentiment, instinct, poussée vitale, etc. La science, dit un écrivain déjà cité, peut bien éclairer le monde, mais elle laisse la nuit dans les cœurs; c'est au cœur lui-même à se faire sa propre lumière. La science se trouve ainsi destituée, ou à peu près, de toute efficacité pratique, et, par conséquent, sans grande raison d'être; car à quoi bon se travailler pour connaître le réel, si la connaissance que nous en acquérons ne peut nous servir dans la vie? Dira-t-on que, en nous révélant les causes des phénomènes, elle nous fournit les moyens de les produire à notre guise et, par suite, de réaliser les fins que notre volonté poursuit pour des raisons supra-scientifiques? Mais tout moyen est lui-même une fin, par un côté; car, pour le mettre en œuvre, il faut le vouloir tout comme la fin dont il prépare la réalisation. Il y a toujours plusieurs voies qui mènent à un but donné; il faut donc choisir entre elles. Or, si la science ne peut nous aider dans le choix du but le meilleur, comment pourrait-elle nous apprendre quelle est la meilleure voie pour y parvenir? Pourquoi nous recommanderait-elle la plus rapide de préférence à la plus économique, la plus sûre plutôt que la plus simple, ou inversement? Si

elle ne peut nous guider dans la détermination des
fins supérieures, elle n'est pas moins impuissante
quand il s'agit de ces fins secondaires et subordon-
nées que l'on appelle des moyens.

La méthode idéologique permet, il est vrai, d'é-
chapper à ce mysticisme et c'est, d'ailleurs, le désir
d'y échapper qui a fait, en partie, la persistance de
cette méthode. Ceux qui l'ont pratiquée, en effet,
étaient trop rationalistes pour admettre que la conduite humaine n'eût pas besoin d'être dirigée par la
réflexion; et pourtant, ils ne voyaient dans les phénomènes, pris en eux-mêmes et indépendamment de
toute donnée subjective, rien qui permît de les classer suivant leur valeur pratique. Il semblait donc que
le seul moyen de les juger fût de les rapporter à
quelque concept qui les dominât; dès lors, l'emploi
de notions qui présidassent à la collation des faits,
au lieu d'en-dériver, devenait indispensable dans
toute sociologie rationnelle. Mais nous savons que si,
dans ces conditions, la pratique devient réfléchie,
la réflexion, ainsi employée, n'est pas scientifique.

Le problème que nous venons de poser va nous
permettre de revendiquer les droits de la raison sans
retomber dans l'idéologie. En effet, pour les sociétés
comme pour les individus, la santé est bonne et
désirable, la maladie, au contraire, est la chose mau-
vaise et qui doit être évitée. Si donc nous trouvons
un critère objectif, inhérent aux faits eux-mêmes, qui
nous permette de distinguer scientifiquement la santé
de la maladie dans les divers ordres de phénomènes
sociaux, la science sera en état d'éclairer la pratique
tout en restant fidèle à sa propre méthode. Sans
doute, comme elle ne parvient pas présentement à

4

atteindre l'individu, elle ne peut nous fournir que des indications générales qui ne peuvent être diversifiées convenablement que si l'on entre directement en contact avec le particulier par la sensation. L'état de santé, tel qu'elle le peut définir, ne saurait convenir exactement à aucun sujet individuel, puisqu'il ne peut être établi que par rapport aux circonstances les plus communes, dont tout le monde s'écarte plus ou moins; ce n'en est pas moins un point de repère précieux pour orienter la conduite. De ce qu'il y a lieu de l'ajuster ensuite à chaque cas spécial, il ne suit pas qu'il n'y ait aucun intérêt à le connaître. Tout au contraire, il est la norme qui doit servir de base à tous nos raisonnements pratiques. Dans ces conditions, on n'a plus le droit de dire que la pensée est inutile à l'action. Entre la science et l'art il n'y a plus un abîme; mais on passe de l'une à l'autre sans solution de continuité. La science, il est vrai, ne peut descendre dans les faits que par l'intermédiaire de l'art, mais l'art n'est que le prolongement de la science. Encore peut-on se demander si l'insuffisance pratique de cette dernière ne doit pas aller en diminuant, à mesure que les lois qu'elle établit exprimeront de plus en plus complètement la réalité individuelle.

I

Vulgairement, la souffrance est regardée comme l'indice de la maladie et il est certain que, en général, il existe entre ces deux faits un rapport, mais qui manque de constance et de précision. Il y a de graves diathèses qui sont indolores, alors que des troubles sans importance, comme ceux qui résultent de l'introduction d'un grain de charbon dans l'œil, causent un véritable supplice. Même, dans certains cas, c'est l'absence de douleur ou bien encore le plaisir qui sont les symptômes de la maladie. Il y a une certaine disvulnérabilité qui est pathologique. Dans des circonstances où un homme sain souffrirait, il arrive au neurasthénique d'éprouver une sensation de jouissance dont la nature morbide est incontestable. Inversement, la douleur accompagne bien des états, comme la faim, la fatigue, la parturition qui sont des phénomènes purement physiologiques.

Dirons-nous que la santé, consistant dans un heureux développement des forces vitales, se reconnaît à la parfaite adaptation de l'organisme avec son milieu, et appellerons-nous, au contraire, maladie tout ce qui trouble cette adaptation? Mais d'abord — nous aurons plus loin à revenir sur ce point — il n'est pas du tout démontré que chaque état de l'organisme soit en correspondance avec quelque état externe. De plus, et quand bien même ce critère serait vraiment distinctif de l'état de santé, il aurait lui-même besoin d'un autre critère pour pouvoir être reconnu; car il faudrait, en tout cas, nous dire d'après quel principe on peut décider que tel mode de s'adapter est plus parfait que tel autre.

Est-ce d'après la manière dont l'un et l'autre affectent nos chances de survie? La santé serait l'état d'un organisme où ces chances sont à leur maximum et la maladie, au contraire, tout ce qui a pour effet de les diminuer. Il n'est pas douteux, en effet, que, en général, la maladie n'ait réellement pour conséquence un affaiblissement de l'organisme. Seulement elle n'est pas seule à produire ce résultat. Les fonctions de reproduction, dans certaines espèces inférieures, entraînent fatalement la mort et, même dans les espèces plus élevées, elles créent des risques. Cependant elles sont normales. La vieillesse et l'enfance ont les mêmes effets; car le vieillard et l'enfant sont plus accessibles aux causes de destruction. Sont-ils donc des malades et faut-il n'admettre d'autre type sain que celui de l'adulte? Voilà le domaine de la santé et de la physiologie singulièrement rétréci! Si, d'ailleurs, la vieillesse est déjà, par elle-même, une maladie, comment distinguer le vieillard sain du vieillard maladif? Du même point de vue, il faudra classer la menstruation parmi les phénomènes morbides; car, par les troubles qu'elle détermine, elle accroît la réceptivité de la femme à la maladie. Comment, cependant, qualifier de maladif un état dont l'absence ou la disparition prématurée constituent incontestablement un phénomène pathologique? On raisonne sur cette question comme si, dans un organisme sain, chaque détail, pour ainsi dire, avait un rôle utile à jouer; comme si chaque état interne répondait exactement à quelque condition externe et, par suite, contribuait à assurer, pour sa part, l'équilibre vital et à diminuer les chances de mort. Il est, au contraire, légitime de supposer que certains arrangements anatomiques ou fonctionnels ne servent directement à rien, mais sont simplement parce qu'ils sont, parce qu'ils ne peuvent pas ne pas être, étant données les conditions générales de la vie. On ne saurait pourtant les taxer de morbides; car la maladie est, avant tout, quelque chose d'évitable qui

n'est pas impliqué dans la constitution régulière de
l'être vivant. Or il peut se faire que, au lieu de fortifier
l'organisme, ils diminuent sa force de résistance et,
par conséquent, accroissent les risques mortels.

D'autre part, il n'est pas sûr que la maladie ait toujours le résultat en fonction duquel on la veut définir.
N'y a-t-il pas nombre d'affections trop légères pour
que nous puissions leur attribuer une influence sensible sur les bases vitales de l'organisme? Même
parmi les plus graves, il en est dont les suites n'ont
rien de fâcheux, si nous savons lutter contre elles
avec les armes dont nous disposons. Le gastrique qui
suit une bonne hygiène peut vivre tout aussi vieux
que l'homme sain. Il est, sans doute, obligé à des
soins; mais n'y sommes-nous pas tous également
obligés et la vie peut-elle s'entretenir autrement?
Chacun de nous a son hygiène; celle du malade ne
ressemble pas à celle que pratique la moyenne des
hommes de son temps et de son milieu; mais c'est la
seule différence qu'il y ait entre eux à ce point de
vue. La maladie ne nous laisse pas toujours désem-
parés, dans un état de désadaptation irrémédiable;
elle nous contraint seulement à nous adapter autrement que la plupart de nos semblables. Qui nous dit
même qu'il n'existe pas de maladies qui, finalement,
se trouvent être utiles? La variole que nous nous
inoculons par le vaccin est une véritable maladie que
nous nous donnons volontairement, et pourtant elle
accroît nos chances de survie. Il y a peut-être bien
d'autres cas où le trouble causé par la maladie est
insignifiant à côté des immunités qu'elle confère.

Enfin et surtout, ce critère est le plus souvent
inapplicable. On peut bien établir, à la rigueur, que

4

la mortalité la plus basse que l'on connaisse se rencontre dans tel groupe déterminé d'individus; mais on ne peut pas démontrer qu'il ne saurait y en avoir de plus basse. Qui nous dit que d'autres arrangements ne sont pas possibles, qui auraient pour effet de la diminuer encore? Ce *minimum* de fait n'est donc pas la preuve d'une parfaite adaptation, ni, par suite, l'indice sûr de l'état de santé si l'on s'en rapporte à la définition précédente. De plus, un groupe de cette nature est bien difficile à constituer et à isoler de tous les autres, comme il serait nécessaire, pour que l'on pût observer la constitution organique dont il a le privilège et qui est la cause supposée de cette supériorité. Inversement, si, quand il s'agit d'une maladie dont le dénouement est généralement mortel, il est évident que les probabilités que l'être a de survivre sont diminuées, la preuve est singulièrement malaisée, quand l'affection n'est pas de nature à entraîner directement la mort. Il n'y a, en effet, qu'une manière objective de prouver que des êtres, placés dans des conditions définies, ont moins de chances de survivre que d'autres, c'est de faire voir que, en fait, la plupart d'entre eux vivent moins longtemps. Or, si, dans les cas de maladies purement individuelles, cette démonstration est souvent possible, elle est tout à fait impraticable en sociologie. Car nous n'avons pas ici le point de repère dont dispose le biologiste, à savoir le chiffre de la mortalité moyenne. Nous ne savons même pas distinguer avec une exactitude simplement approchée à quel moment naît une société et à quel moment elle meurt. Tous ces problèmes qui, déjà en biologie, sont loin d'être clairement résolus, restent encore, pour le sociologue, enveloppés de mystère. D'ailleurs, les événements qui se produisent au cours de la vie sociale et qui se répètent à peu près identiquement dans toutes les sociétés du même type, sont beaucoup trop variés pour qu'il soit possible de déterminer dans quelle mesure l'un d'eux peut avoir contribué à hâter le dénouement final. Quand il s'agit d'individus, comme ils sont très nombreux, on peut choisir ceux que l'on compare de manière à ce qu'ils n'aient en commun qu'une seule et même anomalie ; celle-ci se trouve ainsi isolée de tous les phénomènes concomitants et on peut, par suite, étudier la nature de son influence sur l'organisme. Si, par exemple, un millier de rhumatisants, pris au hasard, présente une mortalité sensiblement supérieure à la moyenne, on a de bonnes raisons pour attribuer ce résultat à la diathèse rhumatismale. Mais, en sociologie, comme chaque espèce sociale ne compte qu'un petit nombre d'individus, le champ des comparaisons est trop restreint pour que des groupements de ce genre soient démonstratifs.

Or, à défaut de cette preuve de fait, il n'y a plus rien de possible que des raisonnements déductifs dont les conclusions ne peuvent avoir d'autre valeur que celle de présomptions subjectives. On démontrera non que tel événement affaiblit effectivement l'organisme social, mais qu'il doit avoir cet effet. Pour cela, on fera voir qu'il ne peut manquer d'entraîner à sa suite telle ou telle conséquence que l'on juge fâcheuse pour la société et, à ce titre, on le déclarera morbide. Mais, à supposer même qu'il engendre en effet cette conséquence, il peut se faire que les inconvénients qu'elle présente soient compensés, et au delà, par des avantages que l'on n'aperçoit pas. De plus, il n'y a qu'une raison qui puisse permettre de la traiter de funeste, c'est qu'elle trouble le jeu normal des fonctions. Mais une telle preuve suppose le problème déjà résolu; car elle n'est possible que si l'on a déterminé au préalable en quoi consiste l'état normal et, par conséquent, si l'on sait à quel signe il peut être reconnu. Essaiera-t-on de le construire de toutes pièces et *a priori*? Il n'est pas nécessaire de montrer ce que peut valoir une telle construction. Voilà comment il se fait que, en sociologie comme en histoire, les mêmes événements sont qualifiés, suivant les sentiments personnels du savant, de salutaires ou de désastreux. Ainsi il arrive sans cesse à un théoricien incrédule de signaler, dans les restes de foi qui survivent au milieu de l'ébranlement général des croyances religieuses, un phénomène morbide, tandis que, pour le croyant, c'est l'incrédulité même qui est aujourd'hui la grande maladie sociale. De même, pour le socialiste, l'organisation économique actuelle est un fait de tératologie sociale, alors que, pour l'économiste orthodoxe, ce sont les tendances socialistes qui sont, par excellence, pathologiques. Et chacun trouve à l'appui de son opinion des syllogismes qu'il juge bien faits.

Le défaut commun de ces définitions est de vouloir atteindre prématurément l'essence des phénomènes. Aussi supposent-elles acquises des propositions qui, vraies ou non, ne peuvent être prouvées que si la science est déjà suffisamment avancée. C'est pourtant le cas de nous conformer à la règle que nous avons précédemment établie. Au lieu de prétendre déterminer d'emblée les rapports de l'état normal et de son contraire avec les forces vitales, cherchons simplement quelque signe extérieur, immédiatement perceptible, mais objectif, qui nous permette de reconnaître l'un de l'autre ces deux ordres de faits.

Tout phénomène sociologique, comme, du reste, tout phénomène biologique, est susceptible, tout en restant essentiellement lui-même, de revêtir des formes différentes suivant les cas. Or, parmi ces formes, il en est de deux sortes. Les unes sont générales dans toute l'étendue de l'espèce ; elles se retrouvent, sinon chez tous les individus, du moins chez la plupart d'entre eux et, si elles ne se répètent pas identiquement dans tous les cas où elles s'observent, mais varient d'un sujet à l'autre, ces variations sont comprises entre des limites très rapprochées. Il en est d'autres, au contraire, qui sont exceptionnelles ; non seulement elles ne se rencontrent que chez la minorité, mais, là même où elles se produisent, il arrive le plus souvent qu'elles ne durent pas toute la vie de l'individu. Elles sont une exception dans le temps comme dans l'espace [1]. Nous sommes donc en présence de deux variétés distinctes

---

1. On peut distinguer par là la maladie de la monstruosité. La seconde n'est une exception que dans l'espace ; elle ne se rencontre pas dans la moyenne de l'espèce, mais elle dure toute la vie des individus où elle se rencontre. On voit, du reste, que ces deux ordres de faits ne diffèrent qu'en degrés et sont au fond de même nature ; les frontières entre eux sont très indécises, car la maladie n'est pas incapable de toute fixité, ni la monstruosité de tout devenir. On ne peut donc guère les séparer radicalement quand on les définit. La distinction entre eux ne peut être plus catégorique qu'entre le morphologique et le physiologique, puisque, en somme, le morbide est l'anormal dans l'ordre physiologique comme le tératologique est l'anormal dans l'ordre anatomique.

de phénomènes et qui doivent être désignées par des termes différents. Nous appellerons normaux les faits qui présentent les formes les plus générales et nous donnerons aux autres le nom de morbides ou de pathologiques. Si l'on convient de nommer type moyen l'être schématique que l'on constituerait en rassemblant en un même tout, en une sorte d'individualité abstraite, les caractères les plus fréquents dans l'espèce avec leurs formes les plus fréquentes, on pourra dire que le type normal se confond avec le type moyen, et que tout écart par rapport à cet étalon de la santé est un phénomène morbide. Il est vrai que le type moyen ne saurait être déterminé avec la même netteté qu'un type individuel, puisque ses attributs constitutifs ne sont pas absolument fixés, mais sont susceptibles de varier. Mais qu'il puisse être constitué, c'est ce qu'on ne saurait mettre en doute, puisqu'il est la matière immédiate de la science; car il se confond avec le type générique. Ce que le physiologiste étudie, ce sont les fonctions de l'organisme moyen et il n'en est pas autrement du sociologue. Une fois qu'on sait reconnaître les espèces sociales les unes des autres — nous traitons plus loin la question — il est toujours possible de trouver quelle est la forme la plus générale que présente un phénomène dans une espèce déterminée.

On voit qu'un fait ne peut être qualifié de pathologique que par rapport à une espèce donnée. Les conditions de la santé et de la maladie ne peuvent être définies in abstracto et d'une manière absolue. La règle n'est pas contestée en biologie; il n'est jamais venu à l'esprit de personne que ce qui est normal pour un mollusque le soit aussi pour un vertébré. Chaque espèce a sa santé, parce qu'elle a son type moyen qui lui est propre, et la santé des espèces les plus basses n'est pas moindre que celle des plus élevées. Le même principe s'applique à la sociologie quoiqu'il y soit souvent méconnu. Il faut renoncer à cette habitude, encore trop répandue, de juger une institution, une pratique, une maxime morale, comme si elles étaient bonnes ou mauvaises en elles-mêmes et par elles-mêmes, pour tous les types sociaux indistinctement.

Puisque le point de repère par rapport auquel on peut juger de l'état de santé ou de maladie varie avec les espèces, il peut varier aussi pour une seule et même espèce, si celle-ci vient à changer. C'est ainsi que, au point de vue purement biologique, ce qui est normal pour le sauvage ne l'est pas toujours pour le civilisé et réciproquement [1]. Il y a surtout un ordre de variations dont il importe de tenir compte parce qu'elles se produisent régulièrement dans toutes les espèces, ce sont celles qui tiennent à l'âge. La santé du vieillard n'est pas celle de l'adulte, de même que celle-ci n'est pas celle de l'enfant; et il en est de même des sociétés [2]. Un fait social ne peut donc être dit normal pour une espèce sociale déterminée que par rapport à une phase, également déterminée, de son développement; par conséquent, pour

1. Par exemple, le sauvage qui aurait le tube digestif réduit et le système nerveux développé du civilisé sain serait un malade par rapport à son milieu.

2. Nous abrégeons cette partie de notre développement; car nous ne pouvons que répéter ici à propos des faits sociaux en général ce que nous avons dit ailleurs à propos de la distinction des faits moraux en normaux et anormaux. (V. *Division du travail social*, p. 33-39.)

savoir s'il a droit à cette dénomination, il ne suffit pas d'observer sous quelle forme il se présente dans la généralité des sociétés qui appartiennent à cette espèce, il faut encore avoir soin de les considérer à la phase correspondante de leur évolution.

Il semble que nous venions de procéder simplement à une définition de mots; car nous n'avons rien fait que grouper des phénomènes suivant leurs ressemblances et leurs différences et qu'imposer des noms aux groupes ainsi formés. Mais, en réalité, les concepts que nous avons ainsi constitués, tout en ayant le grand avantage d'être reconnaissables à des caractères objectifs et facilement perceptibles, ne s'éloignent pas de la notion qu'on se fait communément de la santé et de la maladie. La maladie, en effet, n'est-elle pas conçue par tout le monde comme un accident, que la nature du vivant comporte sans doute, mais n'engendre pas d'ordinaire? C'est ce que les anciens philosophes exprimaient en disant qu'elle ne dérive pas de la nature des choses, qu'elle est le produit d'une sorte de contingence immanente aux organismes. Une telle conception est, assurément, la négation de toute science; car la maladie n'a rien de plus miraculeux que la santé; elle est également fondée dans la nature des êtres. Seulement elle n'est pas fondée dans leur nature normale; elle n'est pas impliquée dans leur tempérament ordinaire ni liée aux conditions d'existence dont ils dépendent généralement. Inversement, pour tout le monde, le type de la santé se confond avec celui de l'espèce. On ne peut même pas, sans contradiction, concevoir une espèce qui, par elle-même et en vertu de sa constitution fondamentale, serait irrémédiablement malade.

Elle est la norme par excellence et, par suite, ne saurait rien contenir d'anormal.

Il est vrai que, couramment, on entend aussi par santé un état généralement préférable à la maladie. Mais cette définition est contenue dans la précédente. Si, en effet, les caractères dont la réunion forme le type normal ont pu se généraliser dans une espèce, ce n'est pas sans raison. Cette généralité est elle-même un fait qui a besoin d'être expliqué et qui, pour cela, réclame une cause. Or elle serait inexplicable si les formes d'organisation les plus répandues n'étaient aussi, *du moins dans leur ensemble*, les plus avantageuses. Comment auraient-elles pu se maintenir dans une aussi grande variété de circonstances si elles ne mettaient les individus en état de mieux résister aux causes de destruction ? Au contraire, si les autres sont plus rares, c'est évidemment que, *dans la moyenne des cas*, les sujets qui les présentent ont plus de difficulté à survivre. La plus grande fréquence des premières est donc la preuve de leur supériorité [1].

1. M. Garofalo a essayé, il est vrai, de distinguer le morbide de l'anormal (*Criminologie*, p. 109, 110). Mais les deux seuls arguments sur lesquels il appuie cette distinction sont les suivants : 1° Le mot de maladie signifie toujours quelque chose qui tend à la destruction totale ou partielle de l'organisme ; s'il n'y a pas destruction, il y a guérison, jamais stabilité comme dans plusieurs anomalies. Mais nous venons de voir que l'anormal, lui aussi, est une menace pour le vivant dans la moyenne des cas. Il est vrai qu'il n'en est pas toujours ainsi ; mais les dangers qu'implique la maladie n'existent également que dans la généralité des circonstances. Quant à l'absence de stabilité qui distinguerait le morbide, c'est oublier les maladies chroniques et séparer radicalement le tératologique du pathologique. Les monstruosités sont fixes. 2° Le normal et l'anormal varient avec les races, dit-on, tandis que

II

Cette dernière remarque fournit même un moyen de contrôler les résultats de la précédente méthode.

Puisque la généralité, qui caractérise extérieurement les phénomènes normaux, est elle-même un phénomène explicable, il y a lieu, après qu'elle a été directement établie par l'observation, de chercher à l'expliquer. Sans doute, on peut être assuré par avance qu'elle n'est pas sans cause, mais il est mieux de savoir au juste quelle est cette cause. Le caractère normal du phénomène sera, en effet, plus incontestable, si l'on démontre que le signe extérieur qui l'avait d'abord révélé n'est pas purement apparent, mais est fondé dans la nature des choses; si, en un mot, on peut ériger cette normalité de fait en une normalité de droit. Cette démonstration, du reste, ne consistera pas toujours à faire voir que le phénomène est utile à l'organisme, quoique ce soit le cas le plus fréquent pour les raisons que nous venons de dire, mais il peut se faire aussi, comme nous l'avons remarqué plus haut, qu'un arrangement soit normal sans servir à rien, simplement parce qu'il est nécessairement impliqué dans la nature de l'être. Ainsi, il serait peut-être utile que l'accouchement ne déterminât pas des troubles aussi violents dans l'organisme féminin; mais c'est impossible. Par conséquent, la

la distinction du physiologique et du pathologique est valable pour tout le *genus homo*. Nous venons de montrer au contraire que, souvent, ce qui est morbide pour le sauvage ne l'est pas pour le civilisé. Les conditions de la santé physique varient avec les milieux.

normalité du phénomène sera expliquée par cela seul qu'il sera rattaché aux conditions d'existence de l'espèce considérée, soit comme un effet mécaniquement nécessaire de ces conditions, soit comme un moyen qui permet aux organismes de s'y adapter [1].

Cette preuve n'est pas simplement utile à titre de contrôle. Il ne faut pas oublier, en effet, que, s'il y a intérêt à distinguer le normal de l'anormal, c'est surtout en vue d'éclairer la pratique. Or, pour agir en connaissance de cause, il ne suffit pas de savoir ce que nous devons vouloir, mais pourquoi nous le devons. Les propositions scientifiques, relatives à l'état normal, seront plus immédiatement applicables aux cas particuliers quand elles seront accompagnées de leurs raisons; car, alors, on saura mieux reconnaître dans quels cas il convient de les modifier en les appliquant, et dans quel sens.

Il y a même des circonstances où cette vérification est rigoureusement nécessaire, parce que la première méthode, si elle était employée seule, pourrait induire en erreur. C'est ce qui arrive aux périodes de transition où l'espèce tout entière est en train d'évoluer, sans s'être encore définitivement fixée sous une forme nouvelle. Dans ce cas, le seul type normal qui soit dès à présent réalisé et donné dans les faits est celui du passé, et pourtant il n'est plus en rapport avec les nouvelles conditions d'existence. Un fait peut ainsi persister dans toute l'étendue d'une espèce,

---

1. On peut se demander, il est vrai, si, quand un phénomène dérive nécessairement des conditions générales de la vie, il n'est pas utile par cela même. Nous ne pouvons traiter cette question de philosophie. Nous y touchons pourtant un peu plus loin.

tout en ne répondant plus aux exigences de la situation. Il n'a donc plus, alors, que les apparences de
la normalité; car la généralité qu'il présente n'est
plus qu'une étiquette menteuse, puisque, ne se maintenant que par la force aveugle de l'habitude, elle
n'est plus l'indice que le phénomène observé est
étroitement lié aux conditions générales de l'existence
collective. Cette difficulté est, d'ailleurs, spéciale à la
sociologie. Elle n'existe, pour ainsi dire, pas pour
le biologiste. Il est, en effet, bien rare que les espèces
animales soient· nécessitées .à prendre·des formes
imprévues. Les· seules modifications normales par
lesquelles elles passent sont celles qui se reproduisent régulièrement chez chaque individu, principalement sous l'influence de l'âge. Elles sont donc
connues ou peuvent l'être, puisqu'elles se sont déjà
réalisées dans une multitude de cas; par suite, on
peut savoir à chaque moment du développement de
l'animal, et même aux périodes de crise, en quoi
consiste l'état normal. Il en est encore ainsi en sociologie pour les sociétés qui appartiennent aux espèces
inférieures. Car, comme nombre d'entre elles ont déjà
accompli toute leur carrière, la loi de leur évolution
normale est ou, du moins, peut être établie. Mais
quand il s'agit des sociétés les plus élevées et les plus
récentes, cette-loi est inconnue par définition, puisqu'elles n'ont pas encore parcouru toute leur histoire. Le sociologue peut ainsi se trouver embarrassé
de savoir si un phénomène est normal-ou non, tout
point de repère lui faisant défaut.

Il sortira d'embarras en procédant comme nous
venons de dire. Après avoir établi par l'observation
que le fait est général, il remontera aux conditions

qui ont déterminé cette généralité dans le passé et cherchera ensuite si ces conditions sont encore données dans le présent ou si, au contraire, elles ont changé. Dans le premier cas, il aura le droit de traiter le phénomène de normal et, dans le second, de lui refuser ce caractère. Par exemple, pour savoir si l'état économique actuel des peuples européens, avec l'absence d'organisation [1] qui en est la caractéristique, est normal ou non, on cherchera ce qui, dans le passé, y a donné naissance. Si ces conditions sont encore celles où sont actuellement placées nos sociétés, c'est que cette situation est normale en dépit des protestations qu'elle soulève. Mais s'il se trouve, au contraire, qu'elle est liée à cette vieille structure sociale que nous avons qualifiée ailleurs de segmentaire [2] et qui, après avoir été l'ossature essentielle des sociétés, va de plus en plus en s'effaçant, on devra conclure qu'elle constitue présentement un état morbide, quelque universelle qu'elle soit. C'est d'après la même méthode que devront être résolues toutes les questions controversées de ce genre, comme celles de savoir si l'affaiblissement des croyances religieuses, si le développement des pouvoirs de l'État sont des phénomènes normaux ou non [3].

1. V. sur ce point une note que nous avons publiée dans la *Revue philosophique* (n° de novembre 1893) sur *La Définition du socialisme*.

2. Les sociétés segmentaires, et notamment les sociétés segmentaires à base territoriale, sont celles dont les articulations essentielles correspondent aux divisions territoriales. (V. *Division du travail social*, p. 189-210.)

3. Dans certains cas, on peut procéder un peu différemment et démontrer qu'un fait dont le caractère normal est suspecté mérite ou non cette suspicion, en faisant voir qu'il se rattache étroitement au développement antérieur du type social consi-

Toutefois, cette méthode ne saurait, en aucun cas, être substituée à la précédente, ni même être employée la première. D'abord, elle soulève des questions dont nous aurons à parler plus loin et qui ne peuvent être abordées que quand on est déjà assez avancé dans la science ; car elle implique, en somme, une explication presque complète des phénomènes, puisqu'elle suppose déterminées ou leurs causes ou leurs fonctions. Or, il importe que, dès le début de la recherche, on puisse classer les faits en normaux et anormaux, sous la réserve de quelques cas exceptionnels, afin de pouvoir assigner à la physiologie son domaine et à la pathologie le sien. Ensuite, c'est par rapport au

déré, et même à l'ensemble de l'évolution sociale en général, ou bien, au contraire, qu'il contredit l'un et l'autre. C'est de cette manière que nous avons pu démontrer que l'affaiblissement actuel des croyances religieuses, plus généralement, des sentiments collectifs à objets collectifs n'a rien que de normal ; nous avons prouvé que cet affaiblissement devient de plus en plus accusé à mesure que les sociétés se rapprochent de notre type actuel et que celui-ci, à son tour, est plus développé (*Division du travail social*, p. 73-182). Mais, au fond, cette méthode n'est qu'un cas particulier de la précédente. Car si la normalité de ce phénomène a pu être établie de cette façon, c'est que, du même coup, il a été rattaché aux conditions les plus générales de notre existence collective. En effet, d'une part, si cette régression de la conscience religieuse est d'autant plus marquée que la structure de nos sociétés est plus déterminée, c'est qu'elle tient, non à quelque cause accidentelle, mais à la constitution même de notre milieu social, et comme, d'un autre côté, les particularités caractéristiques de cette dernière sont certainement plus développées aujourd'hui que naguère, il n'y a rien que de normal à ce que les phénomènes qui en dépendent soient eux-mêmes amplifiés. Cette méthode diffère seulement de la précédente en ce que les conditions qui expliquent et justifient la généralité du phénomène sont induites et non directement observées. On sait qu'il tient à la nature du milieu social sans savoir en quoi ni comment.

type normal qu'un fait doit être trouvé utile ou nécessaire pour pouvoir être lui-même qualifié de normal. Autrement, on pourrait démontrer que la maladie se confond avec la santé, puisqu'elle dérive nécessairement de l'organisme qui en est atteint; ce n'est qu'avec l'organisme moyen qu'elle ne soutient pas la même relation. De même, l'application d'un remède, étant utile au malade, pourrait passer pour un phénomène normal, alors qu'elle est évidemment anormale, car c'est seulement dans des circonstances anormales qu'elle a cette utilité. On ne peut donc se servir de cette méthode que si le type normal a été antérieurement constitué et il ne peut l'avoir été que par un autre procédé. Enfin et surtout, s'il est vrai que tout ce qui est normal est utile, à moins d'être nécessaire, il est faux que tout ce qui est utile soit normal. Nous pouvons bien être certains que les états qui se sont généralisés dans l'espèce sont plus utiles que ceux qui sont restés exceptionnels; non qu'ils sont les plus utiles qui existent ou qui puissent exister. Nous n'avons aucune raison de croire que toutes les combinaisons possibles ont été essayées au cours de l'expérience et, parmi celles qui n'ont jamais été réalisées mais sont concevables, il en est peut-être de beaucoup plus avantageuses que celles que nous connaissons. La notion de l'utile déborde celle du normal; elle est à celle-ci ce que le genre est à l'espèce. Or, il est impossible de déduire le plus du moins, l'espèce du genre. Mais on peut retrouver le genre dans l'espèce puisqu'elle le contient. C'est pourquoi, une fois que la généralité du phénomène a été constatée, on peut, en faisant voir comment il sert, confirmer les résultats de la première méthode [1]. Nous pouvons donc formuler les trois règles suivantes :

1° *Un fait social est normal pour un type social déterminé, considéré à une phase déterminée de son développement, quand il se produit dans la moyenne des sociétés de cette espèce, considérées à la phase correspondante de leur évolution.*

2° *On peut vérifier les résultats de la méthode précédente en faisant voir que la généralité du phénomène tient aux conditions générales de la vie collective dans le type social considéré.*

3° *Cette vérification est nécessaire, quand ce fait se rapporte à une espèce sociale qui n'a pas encore accompli son évolution intégrale.*

III

On est tellement habitué à trancher d'un mot ces questions difficiles et à décider rapidement, d'après des observations sommaires et à coup de syllogismes,

---

1. Mais alors, dira-t-on, la réalisation du type normal n'est pas l'objectif le plus élevé qu'on puisse se proposer et, pour le dépasser, il faut aussi dépasser la science. Nous n'avons pas à traiter ici cette question *ex professo*; répondons seulement : 1° qu'elle est toute théorique, car, en fait, le type normal, l'état de santé est déjà assez difficile à réaliser et assez rarement atteint pour que nous ne nous travaillions pas l'imagination à chercher quelque chose de mieux; 2° que ces améliorations, objectivement plus avantageuses, ne sont pas objectivement désirables pour cela; car si elles ne répondent à aucune tendance latente ou en acte, elles n'ajouteraient rien au bonheur, et si elles répondent à quelque tendance, c'est que le type normal n'est pas réalisé; 3° enfin que, pour améliorer le type normal, il faut le connaître. On ne peut donc, en tout cas, dépasser la science qu'en s'appuyant sur elle.

si un fait social est normal ou non, qu'on jugera peut-être cette procédure inutilement compliquée. Il ne semble pas qu'il faille faire tant d'affaires pour distinguer la maladie de la santé. Ne faisons-nous pas tous les jours de ces distinctions? — Il est vrai; mais il reste à savoir si nous les faisons à propos. Ce qui nous masque les difficultés de ces problèmes, c'est que nous voyons le biologiste les résoudre avec une aisance relative. Mais nous oublions qu'il lui est beaucoup plus facile qu'au sociologue d'apercevoir la manière dont chaque phénomène affecte la force de résistance de l'organisme et d'en déterminer par là le caractère normal ou anormal avec une exactitude pratiquement suffisante. En sociologie, la complexité et la mobilité plus grandes des faits obligent à bien plus de précautions, comme le prouvent les jugements contradictoires dont le même phénomène est l'objet de la part des partis. Pour bien montrer combien cette circonspection est nécessaire, faisons voir par quelques exemples à quelles erreurs on s'expose quand on ne s'y astreint pas et sous quel jour nouveau les phénomènes les plus essentiels apparaissent, quand on les traite méthodiquement.

S'il est un fait dont le caractère pathologique paraît incontestable, c'est le crime. Tous les criminologistes s'entendent sur ce point. S'ils expliquent cette morbidité de manières différentes, ils sont unanimes à la reconnaître. Le problème, cependant, demandait à être traité avec moins de promptitude.

Appliquons, en effet, les règles précédentes. Le crime ne s'observe pas seulement dans la plupart des sociétés de telle ou telle espèce, mais dans toutes les sociétés de tous les types. Il n'en est pas où il n'existe une criminalité. Elle change de forme, les actes qui sont ainsi qualifiés ne sont pas partout les mêmes; mais, partout et toujours, il y a eu des hommes qui se conduisaient de manière à attirer sur eux la répression pénale. Si, du moins, à mesure que les sociétés passent des types inférieurs aux plus élevés, le taux de la criminalité, c'est-à-dire le rapport entre le chiffre annuel des crimes et celui de la population, tendait à baisser, on pourrait croire que, tout en restant un phénomène normal, le crime, cependant, tend à perdre ce caractère. Mais nous n'avons aucune raison qui nous permette de croire à la réalité de cette régression. Bien des faits sembleraient plutôt démontrer l'existence d'un mouvement en sens inverse. Depuis le commencement du siècle, la statistique nous fournit le moyen de suivre la marche de la criminalité; or, elle a partout augmenté. En France, l'augmentation est de près de 300 0/0. Il n'est donc pas de phénomène qui présente de la manière la plus irrécusée tous les symptômes de la normalité, puisqu'il apparaît comme étroitement lié aux conditions de toute vie collective. Faire du crime une maladie sociale, ce serait admettre que la maladie n'est pas quelque chose d'accidentel, mais, au contraire, dérive, dans certains cas, de la constitution fondamentale de l'être vivant; ce serait effacer toute distinction entre le physiologique et le pathologique. Sans doute, il peut se faire que le crime lui-même ait des formes anormales; c'est ce qui arrive quand, par exemple, il atteint un taux exagéré. Il n'est pas douteux, en effet, que cet excès ne soit de nature morbide. Ce qui est normal, c'est simplement qu'il y ait une criminalité, pourvu que celle-ci atteigne et ne dépasse pas, pour chaque type social, un certain niveau qu'il n'est peut-être pas impossible de fixer conformément aux règles précédentes [1].

Nous voilà en présence d'une conclusion, en apparence, assez paradoxale. Car il ne faut pas s'y méprendre. Classer le crime parmi les phénomènes de sociologie normale, ce n'est pas seulement dire qu'il est un phénomène inévitable quoique regrettable, dû à l'incorrigible méchanceté des hommes; c'est affirmer qu'il est un facteur de la santé publique, une partie intégrante de toute société saine. Ce résultat est, au premier abord, assez surprenant pour qu'il nous ait nous-même déconcerté et pendant longtemps. Cependant, une fois que l'on a dominé cette première impression de surprise, il n'est pas difficile de trouver les raisons qui expliquent cette normalité et, du même coup, la confirment.

En premier lieu, le crime est normal parce qu'une société qui en serait exempte est tout à fait impossible.

Le crime, nous l'avons montré ailleurs, consiste dans un acte qui offense certains sentiments collectifs, doués d'une énergie et d'une netteté particulières. Pour que, dans une société donnée, les actes réputés criminels pussent cesser d'être commis, il faudrait donc que les sentiments qu'ils blessent se retrouvassent dans toutes les consciences indivi-

---

1. De ce que le crime est un phénomène de sociologie normale, il ne suit pas que le criminel soit un individu normalement constitué au point de vue biologique et psychologique. Les deux questions sont indépendantes l'une de l'autre. On comprendra mieux cette indépendance, quand nous aurons montré plus loin la différence qu'il y a entre les faits psychiques et les faits sociologiques.

duelles sans exception et avec le degré de force
nécessaire pour contenir les sentiments contraires.
Or, à supposer que cette condition pût être effectivement réalisée, le crime ne disparaîtrait pas pour
cela, il changerait seulement de forme ; car la cause
même qui tarirait ainsi les sources de la criminalité en ouvrirait immédiatement de nouvelles.

En effet, pour que les sentiments collectifs que
protège le droit pénal d'un peuple, à un moment
déterminé de son histoire, parviennent ainsi à pénétrer dans les consciences qui leur étaient jusqu'alors
fermées ou à prendre plus d'empire là où ils n'en
avaient pas assez, il faut qu'ils acquièrent une intensité supérieure à celle qu'ils avaient jusqu'alors. Il
faut que la communauté dans son ensemble les ressente avec plus de vivacité ; car ils ne peuvent pas
puiser à une autre source la force plus grande qui
leur permet de s'imposer aux individus qui, naguère,
leur étaient le plus réfractaires. Pour que les meurtriers disparaissent, il faut que l'horreur du sang
versé devienne plus grande dans ces couches sociales
où se recrutent les meurtriers ; mais, pour cela, il
faut qu'elle devienne plus grande dans toute l'étendue
de la société. D'ailleurs, l'absence même du crime
contribuerait directement à produire ce résultat ; car
un sentiment apparaît comme beaucoup plus respectable quand il est toujours et uniformément res-
pecté. Mais on ne fait pas attention que ces états forts
de la conscience commune ne peuvent être ainsi
renforcés sans que les états plus faibles, dont la violation ne donnait précédemment naissance qu'à des
fautes purement morales, ne soient renforcés du
même coup ; car les seconds ne sont que le prolon-

gement, la forme atténuée des premiers. Ainsi, le vol
et la simple indélicatesse ne froissent qu'un seul et
même sentiment altruiste, le respect de la propriété
d'autrui. Seulement, ce même sentiment est offensé
plus faiblement par l'un de ces actes que par l'autre;
et comme, d'autre part, il n'a pas dans la moyenne
des consciences une intensité suffisante pour res-
sentir vivement la plus légère de ces deux offenses,
celle-ci est l'objet d'une plus grande tolérance. Voilà
pourquoi on blâme simplement l'indélicat tandis que
le voleur est puni. Mais si ce même sentiment devient
plus fort, au point de faire taire dans toutes les consciences le penchant qui incline l'homme au vol, il
deviendra plus sensible aux lésions qui, jusqu'alors,
ne le touchaient que légèrement; il réagira donc
contre elles avec plus de vivacité; elles seront l'objet
d'une réprobation plus énergique qui fera passer certaines d'entre elles, de simples fautes morales qu'elles
étaient, à l'état de crimes. Par exemple, les contrats
indélicats ou indélicatement exécutés, qui n'entraînent qu'un blâme public ou des réparations civiles,
deviendront des délits. Imaginez une société de
saints, un cloître exemplaire et parfait. Les crimes
proprement dits y seront inconnus; mais les fautes
qui paraissent vénielles au vulgaire y soulèveront le
même scandale que fait le délit ordinaire auprès des
consciences ordinaires. Si donc cette société se
trouve armée du pouvoir de juger et de punir, elle
qualifiera ces actes de criminels et les traitera
comme tels. C'est pour la même raison que le parfait honnête homme juge ses moindres défaillances
morales avec une sévérité que la foule réserve aux
actes vraiment délictueux. Autrefois, les violences

contre les personnes étaient plus fréquentes qu'aujourd'hui parce que le respect pour la dignité individuelle était plus faible. Comme il s'est accru, ces crimes sont devenus plus rares ; mais aussi, bien des actes qui lésaient ce sentiment sont entrés dans le droit pénal dont ils ne relevaient primitivement pas [1].

On se demandera peut-être, pour épuiser toutes les hypothèses logiquement possibles, pourquoi cette unanimité ne s'étendrait pas à tous les sentiments collectifs sans exception ; pourquoi même les plus faibles ne prendraient pas assez d'énergie pour prévenir toute dissidence. La conscience morale de la société se retrouverait tout entière chez tous les individus et avec une vitalité suffisante pour empêcher tout acte qui l'offense, les fautes purement morales aussi bien que les crimes. Mais une uniformité aussi universelle et aussi absolue est radicalement impossible ; car le milieu physique immédiat dans lequel chacun de nous est placé, les antécédents héréditaires, les influences sociales dont nous dépendons varient d'un individu à l'autre et, par suite, diversifient les consciences. Il n'est pas possible que tout le monde se ressemble à ce point, par cela seul que chacun a son organisme propre et que ces organismes occupent des portions différentes de l'espace. C'est pourquoi, même chez les peuples inférieurs, où l'originalité individuelle est très peu développée, elle n'est cependant pas nulle. Ainsi donc, puisqu'il ne peut pas y avoir de société où les individus ne divergent plus ou moins du type collectif, il est inévitable

1. Calomnies, injures, diffamation, dol, etc.

aussi que, parmi ces divergences, il y en ait qui présentent un caractère criminel. Car ce qui leur confère ce caractère, ce n'est pas leur importance intrinsèque, mais celle que leur prête la conscience commune. Si donc celle-ci est plus forte, si elle a assez d'autorité pour rendre ces divergences très faibles en valeur absolue, elle sera aussi plus sensible, plus exigeante, et, réagissant contre de moindres écarts avec l'énergie qu'elle ne déploie ailleurs que contre des dissidences plus considérables, elle leur attribuera la même gravité, c'est-à-dire qu'elle les marquera comme criminels.

Le crime est donc nécessaire; il est lié aux conditions fondamentales de toute vie sociale, mais, par cela même, il est utile; car ces conditions dont il est solidaire sont elles-mêmes indispensables à l'évolution normale de la morale et du droit.

En effet, il n'est plus possible aujourd'hui de contester que non seulement le droit et la morale varient d'un type social à l'autre, mais encore qu'ils changent pour un même type si les conditions de l'existence collective se modifient. Mais, pour que ces transformations soient possibles, il faut que les sentiments collectifs qui sont à la base de la morale ne soient pas réfractaires au changement, par conséquent, n'aient qu'une énergie modérée. S'ils étaient trop forts, ils ne seraient plus plastiques. Tout arrangement, en effet, est un obstacle au réarrangement, et cela d'autant plus que l'arrangement primitif est plus solide. Plus une structure est fortement accusée, plus elle oppose de résistance à toute modification et il en est des arrangements fonctionnels comme des arrangements anatomiques. Or, s'il n'y avait pas de crimes, cette condition ne serait pas remplie; car une telle hypothèse suppose que les sentiments collectifs seraient parvenus à un degré d'intensité sans exemple dans l'histoire. Rien n'est bon indéfiniment et sans mesure. Il faut que l'autorité dont jouit la conscience morale ne soit pas excessive; autrement, nul n'oserait y porter la main et elle se figerait trop facilement sous une forme immuable. Pour qu'elle puisse évoluer, il faut que l'originalité individuelle puisse se faire jour; or, pour que celle de l'idéaliste qui rêve de dépasser son siècle puisse se manifester, il faut que celle du criminel, qui est au-dessous de son temps, soit possible. L'une ne va pas sans l'autre.

Ce n'est pas tout. Outre cette utilité indirecte, il arrive que le crime joue lui-même un rôle utile dans cette évolution. Non seulement il implique que la voie reste ouverte aux changements nécessaires, mais encore, dans certains cas, il prépare directement ces changements. Non seulement, là où il existe, les sentiments collectifs sont dans l'état de malléabilité nécessaire pour prendre une forme nouvelle, mais encore il contribue parfois à prédéterminer la forme qu'ils prendront. Que de fois, en effet, il n'est qu'une anticipation de la morale à venir, un acheminement vers ce qui sera! D'après le droit athénien, Socrate était un criminel et sa condamnation n'avait rien que de juste. Cependant son crime, à savoir l'indépendance de sa pensée, était utile, non seulement à l'humanité, mais à sa patrie. Car il servait à préparer une morale et une foi nouvelles dont les Athéniens avaient alors besoin parce que les traditions dont ils avaient vécu jusqu'alors n'étaient

plus en harmonie avec leurs conditions d'existence.
Or le cas de Socrate n'est pas isolé; il se reproduit
périodiquement dans l'histoire. La liberté de penser
dont nous jouissons actuellement n'aurait jamais pu
être proclamée, si les règles qui la prohibaient
n'avaient été violées avant d'être solennellement
abrogées. Cependant, à ce moment, cette violation
était un crime, puisque c'était une offense à des
sentiments encore très vifs dans la généralité des
consciences. Et néanmoins ce crime était utile puisqu'il préludait à des transformations qui, de jour en
jour, devenaient plus nécessaires. La libre philosophie a eu pour précurseurs les hérétiques de toute
sorte que le bras séculier a justement frappés pendant tout le cours du moyen âge et jusqu'à la veille
des temps contemporains.

De ce point de vue, les faits fondamentaux de la
criminologie se présentent à nous sous un aspect
entièrement nouveau. Contrairement aux idées cou-
rantes, le criminel n'apparaît plus comme un être
radicalement insociable, comme une sorte d'élément
parasitaire, de corps étranger et inassimilable, introduit au sein de la société [1]; c'est un agent régulier
de la vie sociale. Le crime, de son côté, ne doit plus
être conçu comme un mal qui ne saurait être contenu
dans de trop étroites limites; mais, bien loin qu'il y
ait lieu de se féliciter quand il lui arrive de descendre
trop sensiblement au-dessous du niveau ordinaire,
on peut être certain que ce progrès apparent est à
la fois contemporain et solidaire de quelque pertur-

---

1. Nous avons nous-même commis l'erreur de parler ainsi
du criminel, faute d'avoir appliqué notre règle (*Division du
travail social*, p. 395, 396).

bation sociale. C'est ainsi que jamais le chiffre des coups et blessures ne tombe aussi bas qu'en temps de disette [1]. En même temp et par contre-coup, la théorie de la peine se trouve renouvelée ou, plutôt, à renouveler. Si, en effet, le crime est une maladie, la peine en est le remède et ne peut être conçue autrement; aussi toutes les discussions qu'elle soulève portent-elles sur le point de savoir ce qu'elle doit être pour remplir son rôle de remède. Mais si le crime n'a rien de morbide, la peine ne saurait avoir pour objet de le guérir et sa vraie fonction doit être cherchée ailleurs.

Il s'en faut donc que les règles précédemment énoncées n'aient d'autre raison d'être que de satisfaire à un formalisme logique sans grande utilité, puisque, au contraire, selon qu'on les applique ou non, les faits sociaux les plus essentiels changent totalement de caractère. Si, d'ailleurs, cet exemple est particulièrement démonstratif — et c'est pourquoi nous avons cru devoir nous y arrêter — il en est bien d'autres qui pourraient être utilement cités. Il n'existe pas de société où il ne soit de règle que

---

1. D'ailleurs, de ce que le crime est un fait de sociologie normale, il ne suit pas qu'il ne faille pas le haïr. La douleur, elle non plus, n'a rien de désirable; l'individu la hait comme la société hait le crime, et pourtant elle relève de la physiologie normale. Non seulement elle dérive nécessairement de la constitution même de tout être vivant, mais elle joue un rôle utile dans la vie et pour lequel elle ne peut être remplacée. Ce serait donc dénaturer singulièrement notre pensée que de la présenter comme une apologie du crime. Nous ne songerions même pas à protester contre une telle interprétation, si nous ne savions à quelles étranges accusations on s'expose et à quels malentendus, quand on entreprend d'étudier les faits moraux objectivement et d'en parler dans une langue qui n'est pas celle du vulgaire.

la peine doit être proportionnelle au délit; cependant, pour l'école italienne, ce principe n'est qu'une
invention de juristes, dénuée de toute solidité [1].
Même, pour ces criminologistes, c'est l'institution
pénale tout entière, telle qu'elle a fonctionné jusqu'à
présent chez tous les peuples connus, qui est un
phénomène contre nature. Nous avons déjà vu que,
pour M. Garofalo, la criminalité spéciale aux sociétés
inférieures n'a rien de naturel. Pour les socialistes,
c'est l'organisation capitaliste, malgré sa généralité,
qui constitue une déviation de l'état normal, produite par la violence et l'artifice. Au contraire, pour
M. Spencer, c'est notre centralisation administrative,
c'est l'extension des pouvoirs gouvernementaux qui
est le vice radical de nos sociétés, et cela quoique
l'une et l'autre progressent de la manière la plus
régulière et la plus universelle à mesure qu'on avance
dans l'histoire. Nous ne croyons pas que jamais on se
soit systématiquement astreint à décider du caractère
normal ou anormal des faits sociaux d'après leur
degré de généralité. C'est toujours à grand renfort
de dialectique que ces questions sont tranchées.

Cependant, ce critère écarté, non seulement on
s'expose à des confusions et à des erreurs partielles,
comme celles que nous venons de rappeler, mais on
rend la science même impossible. En effet, elle a
pour objet immédiat l'étude du type normal; or, si les
faits les plus généraux peuvent être morbides, il peut
se faire que le type normal n'ait jamais existé dans
les faits. Dès lors, que sert de les étudier? Ils ne
peuvent que confirmer nos préjugés et enraciner nos

---

1. V. Garofalo, *Criminologie*, p. 299.

erreurs puisqu'ils en résultent. Si la peine, si la responsabilité, telles qu'elles existent dans l'histoire, ne sont qu'un produit de l'ignorance et de la barbarie, à quoi bon s'attacher à les connaître pour en déterminer les formes normales? C'est ainsi que l'esprit est amené à se détourner d'une réalité désormais sans intérêt pour se replier sur soi-même et chercher au dedans de soi les matériaux nécessaires pour la reconstruire. Pour que la sociologie traite les faits comme des choses, il faut que le sociologue sente la nécessité de se mettre à leur école. Or, comme l'objet principal de toute science de la vie, soit individuelle soit sociale, est, en somme, de définir l'état normal, de l'expliquer et de le distinguer de son contraire, si la normalité n'est pas donnée dans les choses mêmes, si elle est, au contraire, un caractère que nous leur imprimons du dehors ou que nous leur refusons pour des raisons quelconques, c'en est fait de cette salutaire dépendance. L'esprit se trouve à l'aise en face du réel qui n'a pas grand' chose à lui apprendre; il n'est plus contenu par la matière à laquelle il s'applique, puisque c'est lui, en quelque sorte, qui la détermine. Les différentes règles que nous avons établies jusqu'à présent sont donc étroitement solidaires. Pour que la sociologie soit vraiment une science de choses, il faut que la généralité des phénomènes soit prise comme critère de leur normalité.

Notre méthode a, d'ailleurs, l'avantage de régler l'action en même temps que la pensée. Si le désirable n'est pas objet d'observation, mais peut et doit être déterminé par une sorte de calcul mental, aucune borne, pour ainsi dire, ne peut être assignée aux libres inventions de l'imagination à la recherche du mieux. Car comment assigner à la perfection un terme qu'elle ne puisse dépasser? Elle échappe, par définition, à toute limitation. Le but de l'humanité recule donc à l'infini, décourageant les uns par son éloignement même, excitant, au contraire, et enfiévrant les autres, qui, pour s'en rapprocher un peu, pressent le pas et se précipitent dans les révolutions. On échappe à ce dilemme pratique si le désirable, c'est la santé, et si la santé est quelque chose de défini et de donné dans les choses, car le terme de l'effort est donné et défini du même coup. Il ne s'agit plus de poursuivre désespérément une fin qui fuit à mesure qu'on avance, mais de travailler avec une régulière persévérance à maintenir l'état normal, à le rétablir s'il est troublé, à en retrouver les conditions si elles viennent à changer. Le devoir de l'homme d'Etat n'est plus de pousser violemment les sociétés vers un idéal qui lui paraît séduisant, mais son rôle est celui du médecin : il prévient l'éclosion des maladies par une bonne hygiène et, quand elles sont déclarées, il cherche à les guérir.

CHAPITRE IV

RÈGLES RELATIVES A LA CONSTITUTION
DES TYPES SOCIAUX

Puisqu'un fait social ne peut être qualifié de normal ou d'anormal que par rapport à une espèce sociale déterminée, ce qui précède implique qu'une branche de la sociologie est consacrée à la constitution de ces espèces et à leur classification.

Cette notion de l'espèce sociale a, d'ailleurs, le très grand avantage de nous fournir un moyen terme entre les deux conceptions contraires de la vie collective qui se sont, pendant longtemps, partagé les esprits; je veux dire le nominalisme des historiens[1] et le réalisme extrême des philosophes. Pour l'historien, les sociétés constituent autant d'individualités hétérogènes, incomparables entre elles. Chaque peuple a sa physionomie, sa constitution spéciale, son droit, sa morale, son organisation économique qui ne conviennent qu'à lui, et toute généralisation est à peu près impossible. Pour le philosophe, au

1. Je l'appelle ainsi, parce qu'il a été fréquent chez les historiens, mais je ne veux pas dire qu'il se retrouve chez tous.

contraire, tous ces groupements particuliers, que l'on appelle les tribus, les cités, les nations, ne sont que des combinaisons contingentes et provisoires sans réalité propre. Il n'y a de réel que l'humanité et c'est des attributs généraux de la nature humaine que découle toute l'évolution sociale. Pour les premiers, par conséquent, l'histoire n'est qu'une suite d'événements qui s'enchaînent sans se reproduire; pour les seconds, ces mêmes événements n'ont de valeur et d'intérêt que comme illustration des lois générales qui sont inscrites dans la constitution de l'homme et qui dominent tout le développement historique. Pour ceux-là, ce qui est bon pour une société ne saurait s'appliquer aux autres. Les conditions de l'état de santé varient d'un peuple à l'autre et ne peuvent être déterminées théoriquement; c'est affaire de pratique, d'expérience, de tâtonnements. Pour les autres, elles peuvent être calculées une fois pour toutes et pour le genre humain tout entier. Il semblait donc que la réalité sociale ne pouvait être l'objet que d'une philosophie abstraite et vague ou de monographies purement descriptives. Mais on échappe à cette alternative une fois qu'on a reconnu qu'entre la multitude confuse des sociétés historiques et le concept unique, mais idéal, de l'humanité, il y a des intermédiaires : ce sont les espèces sociales. Dans l'idée d'espèce, en effet, se trouvent réunies et l'unité qu'exige toute recherche vraiment scientifique et la diversité qui est donnée dans les faits, puisque l'espèce se retrouve la même chez tous les individus qui en font partie et que, d'autre part, les espèces diffèrent entre elles. Il reste vrai que les institutions morales, juridiques, économiques, etc., sont infini-

ment variables, mais ces variations ne sont pas de
telle nature qu'elles n'offrent aucune prise à la pensée
scientifique.

C'est pour avoir méconnu l'existence d'espèces
sociales que Comte a cru pouvoir représenter le progrès des sociétés humaines comme identique à celui
d'un peuple unique « auquel seraient idéalement rap-
portées toutes les modifications consécutives observées chez les populations distinctes [1] ». C'est qu'en
effet, s'il n'existe qu'une seule espèce sociale, les
sociétés particulières ne peuvent différer entre elles
qu'en degrés, suivant qu'elles présentent plus ou
moins complètement les traits constitutifs de cette
espèce unique, suivant qu'elles expriment plus ou
moins parfaitement l'humanité. Si, au contraire, il
existe des types sociaux qualitativement distincts les
uns des autres, on aura beau les rapprocher, on
ne pourra pas faire qu'ils se rejoignent exactement
comme les sections homogènes d'une droite géométrique. Le développement historique perd ainsi l'unité
idéale et simpliste qu'on lui attribuait; il se frag-
mente, pour ainsi dire, en une multitude de tronçons
qui, parce qu'ils diffèrent spécifiquement les uns des
autres, ne sauraient se relier d'une manière continue. La fameuse métaphore de Pascal, reprise
depuis par Comte, se trouve désormais sans vérité.

Mais comment faut-il s'y prendre pour constituer
ces espèces?

1. *Cours de philos. pos.*, IV, 263.

I

Il peut sembler, au premier abord, qu'il n'y ait pas d'autre manière de procéder que d'étudier chaque société en particulier, d'en faire une monographie aussi exacte et aussi complète que possible, puis de comparer toutes ces monographies entre elles, de voir par où elles concordent et par où elles divergent, et alors, suivant l'importance relative de ces similitudes et de ces divergences, de classer les peuples dans des groupes semblables ou différents. A l'appui de cette méthode, on fait remarquer qu'elle seule est recevable dans une science d'observation. L'espèce, en effet, n'est que le résumé des individus; comment donc la constituer, si l'on ne commence pas par décrire chacun d'eux et par le décrire tout entier? N'est-ce pas une règle de ne s'élever au général qu'après avoir observé le particulier et tout le particulier? C'est pour cette raison que l'on a voulu parfois ajourner la sociologie jusqu'à l'époque indéfiniment éloignée où l'histoire, dans l'étude qu'elle fait des sociétés particulières, sera parvenue à des résultats assez objectifs et définis pour pouvoir être utilement comparés.

Mais, en réalité, cette circonspection n'a de scientifique que l'apparence. Il est inexact, en effet, que la science ne puisse instituer de lois qu'après avoir passé en revue tous les faits qu'elles expriment, ni former de genres qu'après avoir décrit, dans leur intégralité, les individus qu'ils comprennent. La vraie méthode expérimentale tend plutôt à substituer aux

6

faits vulgaires, qui ne sont démonstratifs qu'à condition d'être très nombreux et qui, par suite, ne permettent que des conclusions toujours suspectes, des faits *décisifs* ou *cruciaux*, comme disait Bacon [1], qui, par eux-mêmes et indépendamment de leur nombre, ont une valeur et un intérêt scientifiques. Il est surtout nécessaire de procéder ainsi quand il s'agit de constituer des genres et des espèces. Car faire l'inventaire de tous les caractères qui appartiennent à un individu est un problème insoluble. Tout individu est un infini et l'infini ne peut être épuisé. S'en tiendra-t-on aux propriétés les plus essentielles? Mais d'après quel principe fera-t-on le triage? Il faut pour cela un critère qui dépasse l'individu et que les monographies les mieux faites ne sauraient, par conséquent, nous fournir. Sans même pousser les choses à cette rigueur, on peut prévoir que, plus les caractères qui serviront de base à la classification seront nombreux, plus aussi il sera difficile que les diverses manières dont ils se combinent dans les cas particuliers présentent des ressemblances assez franches et des différences assez tranchées pour permettre la constitution de groupes et de sous-groupes définis.

Mais quand même une classification serait possible d'après cette méthode, elle aurait le très grand défaut de ne pas rendre les services qui en sont la raison d'être. En effet, elle doit, avant tout, avoir pour objet d'abréger le travail scientifique en substituant à la multiplicité indéfinie des individus un nombre restreint de types. Mais elle perd cet avan-

---

1. *Novum Organum*, II, § 36.

tage si ces types n'ont été constitués qu'après que tous les individus ont été passés en revue et analysés tout entiers. Elle ne peut guère faciliter la recherche, si elle ne fait que résumer les recherches déjà faites. Elle ne sera vraiment utile que si elle nous permet de classer d'autres caractères que ceux qui lui servent de base, que si elle nous procure des cadres pour les faits à venir. Son rôle est de nous mettre en mains des points de repère auxquels nous puissions rattacher d'autres observations que celles qui nous ont fourni ces points de repère eux-mêmes. Mais, pour cela, il faut qu'elle soit faite, non d'après un inventaire complet de tous les caractères individuels, mais d'après un petit nombre d'entre eux, soigneusement choisis. Dans ces conditions, elle ne servira pas seulement à mettre un peu d'ordre dans des connaissances toutes faites; elle servira à en faire. Elle épargnera à l'observateur bien des démarches parce qu'elle le guidera. Ainsi, une fois la classification établie sur ce principe, pour savoir si un fait est général dans une espèce, il ne sera pas nécessaire d'avoir observé toutes les sociétés de cette espèce; quelques-unes suffiront. Même, dans bien des cas, ce sera assez d'une observation bien faite, de même que, souvent, une expérience bien conduite suffit à l'établissement d'une loi.

Nous devons donc choisir pour notre classification des caractères particulièrement essentiels. Il est vrai qu'on ne peut les connaître que si l'explication des faits est suffisamment avancée. Ces deux parties de la science sont solidaires et progressent l'une par l'autre. Cependant, sans entrer très avant dans l'étude des faits, il n'est pas difficile de conjecturer de quel côté il faut chercher les propriétés caractéristiques des types sociaux. Nous savons, en effet, que les sociétés sont composées de parties ajoutées les unes aux autres. Puisque la nature de toute résultante dépend nécessairement de la nature, du nombre des éléments composants et de leur mode de combinaison, ces caractères sont évidemment ceux que nous devons prendre pour base, et on verra, en effet, dans la suite, que c'est d'eux que dépendent les faits généraux de la vie sociale. D'autre part, comme ils sont d'ordre morphologique, on pourrait appeler *Morphologie sociale* la partie de la sociologie qui a pour tâche de constituer et de classer les types sociaux.

On peut même préciser davantage le principe de cette classification. On sait, en effet, que ces parties constitutives dont est formée toute société sont des sociétés plus simples qu'elle. Un peuple est produit par la réunion de deux ou plusieurs peuples qui l'ont précédé. Si donc nous connaissions la société la plus simple qui ait jamais existé, nous n'aurions, pour faire notre classification, qu'à suivre la manière dont cette société se compose avec elle-même et dont ses composés se composent entre eux.

II

M. Spencer a fort bien compris que la classification méthodique des types sociaux ne pouvait avoir d'autre fondement.

« Nous avons vu, dit-il, que l'évolution sociale commence par de petits agrégats simples; qu'elle progresse par l'union de quelques-uns de ces agrégats en agrégats plus grands, et qu'après s'être consolidés, ces groupes s'unissent avec d'autres semblables à eux pour former des agrégats encore plus grands. Notre classification doit donc commencer par des sociétés du premier ordre, c'est-à-dire du plus simple [1]. »

Malheureusement, pour mettre ce principe en pratique, il faudrait commencer par définir avec précision ce que l'on entend par société simple. Or, cette définition, non seulement M. Spencer ne la donne pas, mais il la juge à peu près impossible [2]. C'est que, en effet, la simplicité, comme il l'entend, consiste essentiellement dans une certaine grossièreté d'organisation. Or il n'est pas facile de dire avec exactitude à quel moment l'organisation sociale est assez rudimentaire pour être qualifiée de simple; c'est affaire d'appréciation. Aussi la formule qu'il en donne est-elle tellement flottante qu'elle convient à toute sorte de sociétés. « Nous n'avons rien de mieux à faire, dit-il, que de considérer comme une société simple celle qui forme un tout non assujetti à un autre et dont les parties coopèrent, avec ou sans centre régulateur, en vue de certaines fins d'intérêt public [3]. » Mais il y a nombre de peuples qui satisfont à cette condition. Il en résulte qu'il confond, un peu au hasard, sous cette même rubrique toutes les sociétés les moins civilisées. On imagine ce que peut être, avec un pareil point de départ,

1. *Sociologie*, II, 135.
2. « Nous ne pouvons pas toujours dire avec précision ce qui constitue une société simple. » (*Ibid.*, 135, 136.)
3. *Ibid.*, 136.

tout le reste de sa classification. On y voit rapprochées, dans la plus étonnante confusion, les sociétés les plus disparates, les Grecs homériques mis à côté des fiefs du x⁰ siècle et au-dessous des Bechuanas, des Zoulous et des Fidjiens, la confédération athénienne à côté des fiefs de la France du xiiiᵉ siècle et au-dessous des Iroquois et des Araucaniens.

Le mot de simplicité n'a de sens défini que s'il signifie une absence complète de parties. Par société simple, il faut donc entendre toute société qui n'en renferme pas d'autres, plus simples qu'elle; qui non seulement est actuellement réduite à un segment unique, mais encore qui ne présente aucune trace d'une segmentation antérieure. La *horde*, telle que nous l'avons définie ailleurs [1], répond exactement à cette définition. C'est un agrégat social qui ne comprend et n'a jamais compris dans son sein aucun autre agrégat plus élémentaire, mais qui se résout immédiatement en individus. Ceux-ci ne forment pas, à l'intérieur du groupe total, des groupes spéciaux et différents du précédent; ils sont juxtaposés atomiquement. On conçoit qu'il ne puisse pas y avoir de société plus simple; c'est le protoplasme du règne social et, par conséquent, la base naturelle de toute classification.

Il est vrai qu'il n'existe peut-être pas de société historique qui réponde exactement à ce signalement; mais, ainsi que nous l'avons montré dans le livre déjà cité, nous en connaissons une multitude qui sont formées, immédiatement et sans autre intermédiaire, par une répétition de hordes. Quand la

---

1. *Division du travail social*, p. 189.

horde devient ainsi un segment social au lieu d'être la société tout entière, elle change de nom, elle s'appelle le clan ; mais elle garde les mêmes traits constitutifs. Le clan est, en effet, un agrégat social qui ne se résout en aucun autre, plus restreint. On fera peut-être remarquer que, généralement, là où nous l'observons aujourd'hui, il renferme une pluralité de familles particulières. Mais, d'abord, pour des raisons que nous ne pouvons développer ici, nous croyons que la formation de ces petits groupes familiaux est postérieure au clan ; puis, elles ne constituent pas, à parler exactement, des segments sociaux parce qu'elles ne sont pas des divisions politiques. Partout où on le rencontre, le clan constitue l'ultime division de ce genre. Par conséquent, quand même nous n'aurions pas d'autres faits pour postuler l'existence de la horde — et il en est que nous aurons un jour l'occasion d'exposer — l'existence du clan, c'est-à-dire de sociétés formées par une réunion de hordes, nous autorise à supposer qu'il y a eu d'abord des sociétés plus simples qui se réduisaient à la horde proprement dite, et à faire de celle-ci la souche d'où sont sorties toutes les espèces sociales.

Une fois posée cette notion de la horde ou société à segment unique — qu'elle soit conçue comme une réalité historique ou comme un postulat de la science — on a le point d'appui nécessaire pour construire l'échelle complète des types sociaux. On distinguera autant de types fondamentaux qu'il y a de manières, pour la horde, de se combiner avec elle-même en donnant naissance à des sociétés nouvelles et, pour celles-ci, de se combiner entre elles. On rencontrera d'abord des agrégats formés par une simple répéti-

tion de hordes ou de clans (pour leur donner leur
nom nouveau), sans que ces clans soient associés
entre eux de manière à former des groupes intermédiaires entre le groupe total qui les comprend tous,
et chacun d'eux. Ils sont, simplement juxtaposés
comme les individus de la horde. On trouve des
exemples de ces sociétés que l'on pourrait appeler
polysegmentaires simples dans certaines tribus iro-
quoises et australiennes. L'*arch* ou tribu kabyle, a
le même caractère; c'est une réunion de clans fixés
sous forme de villages. Très vraisemblablement, il
y eut un moment dans l'histoire où la *curie* romaine,
la *phratrie* athénienne était une société de ce genre.
Au-dessus, viendraient les sociétés formées par un
assemblage de sociétés de l'espèce précédente, c'est-
à-dire les *sociétés polysegmentaires simplement composées*. Tel est le caractère de la confédération iro-
quoise, de celle formée par la réunion des tribus
kabyles; il en fut de même, à l'origine, de chacune
des trois tribus primitives dont l'association donna,
plus tard, naissance à la cité romaine. On rencon-
trerait ensuite les *sociétés polysegmentaires double-
ment composées* qui résultent de la juxtaposition ou
fusion de plusieurs sociétés polysegmentaires simplement composées. Telles sont la cité, agrégat de
tribus, qui sont elles-mêmes des agrégats de curies
qui, à leur tour, se résolvent en *gentes* ou clans, et
la tribu germanique, avec ses comtés qui se subdi-
visent en centaines, lesquelles, à leur tour, ont pour
unité dernière le clan devenu village.

Nous n'avons pas à développer davantage ni à
pousser plus loin ces quelques indications, puisqu'il
ne saurait être question d'exécuter ici une classi-

fication des sociétés. C'est un problème trop complexe pour pouvoir être traité ainsi, comme en passant; il suppose, au contraire, tout un ensemble de longues et spéciales recherches. Nous avons seulement voulu, par quelques exemples, préciser les idées et montrer comment doit être appliqué le principe de la méthode. Même il ne faudrait pas considérer ce qui précède comme constituant une classification complète des sociétés inférieures. Nous y avons quelque peu simplifié les choses pour plus de clarté. Nous avons supposé, en effet, que chaque type supérieur était formé par une répétition de sociétés d'un même type, à savoir du type immédiatement inférieur. Or, il n'y a rien d'impossible à ce que des sociétés d'espèces différentes, situées inégalement haut sur l'arbre généalogique des types sociaux, se réunissent de manière à former une espèce nouvelle. On en connaît au moins un cas; c'est l'Empire romain, qui comprenait dans son sein les peuples les plus divers de nature [1].

Mais une fois ces types constitués, il y aura lieu de distinguer dans chacun d'eux des variétés différentes selon que les sociétés segmentaires, qui servent à former la société résultante, gardent une certaine individualité, ou bien, au contraire, sont absorbées dans la masse totale. On comprend en effet que les phénomènes sociaux doivent varier, non pas seulement suivant la nature des éléments composants, mais suivant leur mode de composition; ils

1. Toutefois il est vraisemblable que, en général, la distance entre les sociétés composantes ne saurait être très grande; autrement, il ne pourrait y avoir entre elles aucune communauté morale.

doivent surtout être très différents suivant que chacun
des groupes partiels garde sa vie locale ou qu'ils sont
tous entraînés dans la vie générale, c'est-à-dire suivant qu'ils sont plus ou moins étroitement concen-
trés. On devra, par conséquent, rechercher si, à un
moment quelconque, il se produit une coalescence
complète de ces segments. On reconnaîtra qu'elle
existe à ce signe que cette composition originelle de
la société n'affecte plus son organisation administrative et politique. A ce point de vue, la cité se distingue nettement des tribus germaniques. Chez ces
dernières l'organisation à base de clans s'est main-
tenue, quoique effacée, jusqu'au terme de leur histoire, tandis que, à Pome, à Athènes, les *gentes* et les
γένη cessèrent très tôt d'être des divisions politiques
pour devenir des groupements privés.

A l'intérieur des cadres ainsi constitués, on pourra
chercher à introduire de nouvelles distinctions d'après
des caractères morphologiques secondaires. Cependant, pour des raisons que nous donnerons plus loin,
nous ne croyons guère possible de dépasser utilement les divisions générales qui viennent d'être
indiquées. Au surplus, nous n'avons pas à entrer
dans ces détails, il nous suffit d'avoir posé le principe de la classification qui peut être énoncé ainsi :
*On commencera par classer les sociétés d'après le
degré de composition qu'elles présentent, en prenant
pour base la société parfaitement simple ou à segment unique; à l'intérieur de ces classes, on distinguera des variétés différentes suivant qu'il se produit
ou non une coalescence complète des segments ini-
tiaux.*

III

Ces règles répondent implicitement à une question que le lecteur s'est peut-être posée en nous voyant parler d'espèces sociales comme s'il y en avait, sans en avoir directement établi l'existence. Cette preuve est contenue dans le principe même de la méthode qui vient d'être exposée.

Nous venons de voir, en effet, que les sociétés n'étaient que des combinaisons différentes d'une seule et même société originelle. Or, un même élément ne peut se composer avec lui-même et les composés qui en résultent ne peuvent, à leur tour, se composer entre eux que suivant un nombre de modes limité, surtout quand les éléments composants sont peu nombreux; ce qui est le cas des segments sociaux. La gamme des combinaisons possibles est donc finie et, par suite, la plupart d'entre elles, tout au moins, doivent se répéter. Il se trouve ainsi qu'il y a des espèces sociales. Il reste, d'ailleurs, possible que certaines de ces combinaisons ne se produisent qu'une seule fois. Cela n'empêche pas qu'il y ait des espèces. On dira seulement dans les cas de ce genre que l'espèce ne compte qu'un individu [1].

Il y a donc des espèces sociales pour la même raison qui fait qu'il y a des espèces en biologie. Celles-ci, en effet, sont dues à ce fait que les organismes ne sont que des combinaisons variées d'une seule et même unité anatomique. Toutefois, il y a,

[1]. N'est-ce pas le cas de l'empire romain, qui paraît bien être sans analogue dans l'histoire?

à ce point de vue, une grande différence entre les deux règnes. Chez les animaux, en effet, un facteur spécial vient donner aux caractères spécifiques une force de résistance que n'ont pas les autres; c'est la génération. Les premiers, parce qu'ils sont communs à toute la lignée des ascendants, sont bien plus fortement enracinés dans l'organisme. Ils ne se laissent donc pas facilement entamer par l'action des milieux individuels, mais se maintiennent, identiques à eux-mêmes, malgré la diversité des circonstances extérieures. Il y a une force interne qui les fixe en dépit des sollicitations à varier qui peuvent venir du dehors; c'est la force des habitudes héréditaires. C'est pourquoi ils sont nettement définis et peuvent être déterminés avec précision. Dans le règne social, cette cause interne leur fait défaut. Ils ne peuvent être renforcés par la génération parce qu'ils ne durent qu'une génération. Il est de règle, en effet, que les sociétés engendrées soient d'une autre espèce que les sociétés génératrices, parce que ces dernières, en se combinant, donnent naissance à des arrangements tout à fait nouveaux. Seule, la colonisation pourrait être comparée à une génération par germination; encore, pour que l'assimilation soit exacte, faut-il que le groupe des colons n'aille pas se mêler à quelque société d'une autre espèce ou d'une autre variété. Les attributs distinctifs de l'espèce ne reçoivent donc pas de l'hérédité un surcroît de force qui lui permette de résister aux variations individuelles. Mais ils se modifient et se nuancent à l'infini sous l'action des circonstances; aussi, quand on veut les atteindre, une fois qu'on a écarté toutes les variantes qui les voilent, n'obtient-on souvent qu'un résidu assez indéterminé. Cette indétermination croît naturellement d'autant plus que la complexité des caractères est plus grande; car plus une chose est complexe, plus les parties qui la composent peuvent former de combinaisons différentes. Il en résulte que le type spécifique, au delà des caractères les plus généraux et les plus simples, ne présente pas de contours aussi définis qu'en biologie.

CHAPITRE V

RÈGLES RELATIVES A L'EXPLICATION
DES FAITS SOCIAUX

Mais la constitution des espèces est avant tout un moyen de grouper les faits pour en faciliter l'interprétation; la morphologie sociale est un acheminement à la partie vraiment explicative de la science. Quelle est la méthode propre de cette dernière?

I

La plupart des sociologues croient avoir rendu compte des phénomènes une fois qu'ils ont fait voir à quoi ils servent, quel rôle ils jouent. On raisonne comme s'ils n'existaient qu'en vue de ce rôle et n'avaient d'autre cause déterminante que le sentiment, clair ou confus, des services qu'ils sont appelés à rendre. C'est pourquoi on croit avoir dit tout ce qui est nécessaire pour les rendre intelligibles, quand on a établi la réalité de ces services et montré à quel besoin social ils apportent satisfaction. C'est

ainsi que Comte ramène toute la force progressive
de l'espèce humaine à cette tendance fondamentale
« qui pousse directement l'homme à améliorer sans
cesse sous tous les rapports sa condition quelconque [1] », et M. Spencer, au besoin d'un plus grand
bonheur. C'est en vertu de ce principe qu'il explique
la formation de la société par les avantages qui
résultent de la coopération, l'institution du gouvernement par l'utilité qu'il y a à régulariser la coopération militaire [2], les transformations par lesquelles
a passé la famille par le besoin de concilier de plus
en plus parfaitement les intérêts des parents, des
enfants et de la société.

Mais cette méthode confond deux questions très
différentes. Faire voir à quoi un fait est utile n'est
pas expliquer comment il est né ni comment il est
ce qu'il est. Car les emplois auxquels il sert supposent les propriétés spécifiques qui le caractérisent,
mais ne les créent pas. Le besoin que nous avons des
choses ne peut pas faire qu'elles soient telles ou telles
et, par conséquent, ce n'est pas ce besoin qui peut
les tirer du néant et leur conférer l'être. C'est de
causes d'un autre genre qu'elles tiennent leur existence. Le sentiment que nous avons de l'utilité
qu'elles présentent peut bien nous inciter à mettre
ces causes en œuvre et à en tirer les effets qu'elles
impliquent, non à susciter ces effets de rien. Cette
proposition est évidente tant qu'il ne s'agit que des
phénomènes matériels ou même psychologiques. Elle
ne serait pas plus contestée en sociologie si les faits
sociaux, à cause de leur extrême immatérialité, ne

1. *Cours de philos. pos.*, IV, 262.
2. *Sociologie*, III, 336.

nous paraissaient, à tort, destitués de toute réalité
intrinsèque. Comme on n'y voit que des combinaisons purement mentales, il semble qu'ils doivent se
produire d'eux-mêmes dès qu'on en a l'idée, si, du
moins, on les trouve utiles. Mais puisque chacun
d'eux est une force et qui domine la nôtre, puisqu'il
a une nature qui lui est propre, il ne saurait suffire,
pour lui donner l'être, d'en avoir le désir ni la
volonté. Encore faut-il que des forces capables de
produire cette force déterminée, que des natures
capables de produire cette nature spéciale, soient
données. C'est à cette condition seulement qu'il sera
possible. Pour ranimer l'esprit de famille là où il est
affaibli, il ne suffit pas que tout le monde en com-
prenne les avantages; il faut faire directement agir
les causes qui, seules, sont susceptibles de l'engendrer. Pour rendre à un gouvernement l'autorité qui
lui est nécessaire, il ne suffit pas d'en sentir le
besoin; il faut s'adresser aux seules sources d'où
dérive toute autorité, c'est-à-dire constituer des traditions, un esprit commun, etc., etc.; pour cela, il
faut encore remonter plus haut la chaîne des causes
et des effets, jusqu'à ce qu'on trouve un point où
l'action de l'homme puisse s'insérer efficacement.

Ce qui montre bien la dualité de ces deux ordres
de recherches, c'est qu'un fait peut exister sans
servir à rien, soit qu'il n'ait jamais été ajusté à
aucune fin vitale, soit que, après avoir été utile, il
ait perdu toute utilité en continuant à exister par la
seule force de l'habitude. Il y a, en effet, encore plus
de survivances dans la société que dans l'organisme.
Il y a même des cas où soit une pratique, soit une
institution sociale changent de fonctions sans, pour

cela, changer de nature. La règle *is pater est quem justae nuptiae declarant* est matériellement restée dans notre code ce qu'elle était dans le vieux droit romain. Mais, tandis qu'alors elle avait pour objet de sauvegarder les droits de propriété du père sur les enfants issus de la femme légitime, c'est bien plutôt le droit des enfants qu'elle protège aujourd'hui. Le serment a commencé par être une sorte d'épreuve judiciaire pour devenir simplement une forme solennelle et imposante du témoignage. Les dogmes religieux du christianisme n'ont pas changé depuis des siècles; mais le rôle qu'ils jouent dans nos sociétés modernes n'est plus le même qu'au moyen âge. C'est ainsi encore que les mots servent à exprimer des idées nouvelles sans que leur contexture change. C'est, du reste, une proposition vraie en sociologie comme en biologie que l'organe est indépendant de la fonction, c'est-à-dire que, tout en restant le même, il peut servir à des fins différentes. C'est donc que les causes qui le font être sont indépendantes des fins auxquelles il sert.

Nous n'entendons pas dire, d'ailleurs, que les tendances, les besoins, les désirs des hommes n'interviennent jamais, d'une manière active, dans l'évolution sociale. Il est, au contraire, certain qu'il leur est possible, suivant la manière dont ils se portent sur les conditions dont dépend un fait, d'en presser ou d'en contenir le développement. Seulement, outre qu'ils ne peuvent, en aucun cas, faire quelque chose de rien, leur intervention elle-même, quels qu'en soient les effets, ne peut avoir lieu qu'en vertu de causes efficientes. En effet, une tendance ne peut concourir, même dans cette mesure restreinte, à la production d'un phénomène nouveau que si elle est nouvelle elle-même, qu'elle se soit constituée de toutes pièces ou qu'elle soit due à quelque transformation d'une tendance antérieure. Car, à moins de postuler une harmonie préétablie vraiment providentielle, on ne saurait admettre que, dès l'origine, l'homme portât en lui à l'état virtuel, mais toutes prêtes à s'éveiller à l'appel des circonstances, toutes les tendances dont l'opportunité devait se faire sentir dans la suite de l'évolution. Or une tendance est, elle aussi, une chose; elle ne peut donc ni se constituer ni se modifier par cela seul que nous le jugeons utile. C'est une force qui a sa nature propre; pour que cette nature soit suscitée ou altérée, il ne suffit pas que nous y trouvions quelque avantage. Pour déterminer de tels changements, il faut que des causes agissent qui les impliquent physiquement.

Par exemple, nous avons expliqué les progrès constants de la division du travail social en montrant qu'ils sont nécessaires pour que l'homme puisse se maintenir dans les nouvelles conditions d'existence où il se trouve placé à mesure qu'il avance dans l'histoire; nous avons donc attribué à cette tendance, qu'on appelle assez improprement l'instinct de conservation, un rôle important dans notre explication. Mais, en premier lieu, elle ne saurait à elle seule rendre compte de la spécialisation même la plus rudimentaire. Car elle ne peut rien si les conditions dont dépend ce phénomène ne sont pas déjà réalisées, c'est-à-dire si les différences individuelles ne se sont pas suffisamment accrues par suite de l'indétermination progressive de la conscience commune et des influences héréditaires [1]. Même il fallait que la division du travail eût déjà commencé d'exister pour que l'utilité en fût aperçue et que le besoin s'en fît sentir; et le seul développement des divergences individuelles, en impliquant une plus grande diversité de goûts et d'aptitudes, devait nécessairement produire ce premier résultat. Mais de plus, ce n'est pas de soi-même et sans cause que l'instinct de conservation est venu féconder ce premier germe de spécialisation. S'il s'est orienté et nous a orientés dans cette voie nouvelle, c'est, d'abord, que la voie qu'il suivait et nous faisait suivre antérieurement s'est trouvée comme barrée, parce que l'intensité plus grande de la lutte, due à la condensation plus grande des sociétés, a rendu de plus en plus difficile la survie des individus qui continuaient à se consacrer à des tâches générales. Il a été ainsi nécessité à changer de direction. D'autre part, s'il s'est tourné et a tourné de préférence notre activité dans le sens d'une division du travail toujours plus développée, c'est que c'était aussi le sens de la moindre résistance. Les autres solutions possibles étaient l'émigration, le suicide, le crime. Or, dans la moyenne des cas, les liens qui nous attachent à notre pays, à la vie, la sympathie que nous avons pour nos semblables sont des sentiments plus forts et plus résistants que les habitudes qui peuvent nous détourner d'une spécialisation plus étroite. C'est donc ces dernières qui devaient inévitablement céder à chaque poussée qui s'est produite. Ainsi on ne revient pas, même partiellement, au finalisme parce

---

1. *Division du travail*, l. II, ch. III et IV.

qu'on ne se refuse pas à faire une place aux besoins humains dans les explications sociologiques. Car ils ne peuvent avoir d'influence sur l'évolution sociale qu'à condition d'évoluer eux-mêmes, et les changements par lesquels ils passent ne peuvent être expliqués que par des causes qui n'ont rien de final.

Mais ce qui est plus convaincant encore que les considérations qui précèdent, c'est la pratique même des faits sociaux. Là où règne le finalisme, règne aussi une plus ou moins large contingence; car il n'est pas de fins, et moins encore de moyens, qui s'imposent nécessairement à tous les hommes, même quand on les suppose placés dans les mêmes circonstances. Etant donné un même milieu, chaque individu, suivant son humeur, s'y adapte à sa manière qu'il préfère à toute autre. L'un cherchera à le changer pour le mettre en harmonie avec ses besoins; l'autre aimera mieux se changer soi-même et modérer ses désirs, et, pour arriver à un même but, que de voies différentes peuvent être et sont effectivement suivies! Si donc il était vrai que le développement historique se fît en vue de fins clairement ou obscurément senties, les faits sociaux devraient présenter la plus infinie diversité et toute comparaison presque devrait se trouver impossible. Or c'est le contraire qui est la vérité. Sans doute, les événements extérieurs dont la trame constitue la partie superficielle de la vie sociale varient d'un peuple à l'autre. Mais c'est ainsi que chaque individu a son histoire, quoique les bases de l'organisation physique et morale soient les mêmes chez tous. En fait, quand on est entré quelque peu en contact avec les phénomènes sociaux, on est, au contraire, surpris de l'étonnante régularité avec laquelle ils se reproduisent dans les mêmes circonstances. Même les pratiques les plus minutieuses et, en apparence, les plus puériles, se répètent avec la plus étonnante uniformité. Telle cérémonie nuptiale, purement symbolique à ce qu'il semble, comme l'enlèvement de la fiancée, se retrouve exactement partout où existe un certain type familial, lié lui-même à toute une organisation politique. Les usages les plus bizarres, comme la couvade, le lévirat, l'exogamie, etc., s'observent chez les peuples les plus divers et sont symptomatiques d'un certain état social. Le droit de tester apparaît à une phase déterminée de l'histoire et, d'après les restrictions plus ou moins importantes qui le limitent, on peut dire à quel moment de l'évolution sociale on se trouve. Il serait facile de multiplier les exemples. Or cette généralité des formes collectives serait inexplicable si les causes finales avaient en sociologie la prépondérance qu'on leur attribue.

Quand donc on entreprend d'expliquer un phénomène social, il faut rechercher séparément la cause efficiente qui le produit et la fonction qu'il remplit. Nous nous servons du mot de fonction de préférence à celui de fin ou de but, précisément parce que les phénomènes sociaux n'existent généralement pas en vue des résultats utiles qu'ils produisent. Ce qu'il faut déterminer, c'est s'il y a correspondance entre le fait considéré et les besoins généraux de l'organisme social et en quoi consiste cette correspondance, sans se préoccuper de savoir si elle a été intentionnelle ou non. Toutes ces questions d'inten-

7.

tion sont, d'ailleurs, trop subjectives pour pouvoir être traitées scientifiquement.

Non seulement ces deux ordres de problèmes doivent être disjoints, mais il convient, en général, de traiter le premier avant le second. Cet ordre, en effet, correspond à celui des faits. Il est naturel de chercher la cause d'un phénomène avant d'essayer d'en déterminer les effets. Cette méthode est d'autant plus logique que la première question, une fois résolue, aidera souvent à résoudre la seconde. En effet, le lien de solidarité qui unit la cause à l'effet a un caractère de réciprocité qui n'a pas été assez reconnu. Sans doute, l'effet ne peut pas exister sans sa cause, mais celle-ci, à son tour, a besoin de son effet. C'est d'elle qu'il tire son énergie, mais aussi il la lui restitue à l'occasion et, par conséquent, ne peut pas disparaître sans qu'elle s'en ressente [1]. Par exemple, la réaction sociale qui constitue la peine est due à l'intensité des sentiments collectifs que le crime offense; mais, d'un autre côté, elle a pour fonction utile d'entretenir ces sentiments au même degré d'intensité, car ils ne tarderaient pas à s'énerver si les offenses qu'ils subissent n'étaient pas châtiées [2]. De même, à mesure que le milieu social devient plus complexe et plus mobile, les traditions, les croyances toutes faites s'ébranlent, prennent quelque chose de

1. Nous ne voudrions pas soulever ici des questions de philosophie générale qui ne seraient pas à leur place. Remarquons pourtant que, mieux étudiée, cette réciprocité de la cause et de l'effet pourrait fournir un moyen de réconcilier le mécanisme scientifique avec le finalisme qu'impliquent l'existence et surtout la persistance de la vie.

2. *Division du travail social*, l. II, ch. II, notamment p. 105 et suiv.

plus indéterminé et de plus souple et les facultés de
réflexion se développent; mais ces mêmes facultés
sont indispensables aux sociétés et aux individus
pour s'ad.pter à un milieu plus mobile et plus complexe [1]. A mesure que les hommes sont obligés de
fournir un travail plus intense, les produits de ce
travail deviennent plus nombreux et de meilleure
qualité; mais ces produits plus abondants et meil-
leurs sont nécessaires pour réparer les dépenses
qu'entraîne ce travail plus considérable [2]. Ainsi, bien
loin que la cause des phénomènes sociaux consiste
dans une anticipation mentale de la fonction qu'ils
sont appelés à remplir, cette fonction consiste, au
contraire, au moins dans nombre de cas, à maintenir
la cause préexistante d'où ils dérivent; on trouvera
donc plus facilement la première, si la seconde est
déjà connue.

Mais si l'on ne doit procéder qu'en second lieu à
la détermination de la fonction, elle ne laisse pas
d'être nécessaire pour que l'explication du phénomène soit complète. En effet, si l'utilité du fait n'est
pas ce qui le fait être, il faut généralement qu'il soit
utile pour pouvoir se maintenir. Car c'est assez qu'il
ne serve à rien pour être nuisible par cela même,
puisque, dans ce cas, il coûte sans rien rapporter.
Si donc la généralité des phénomènes sociaux avait
ce caractère parasitaire, le budget de l'organisme
serait en déficit, la vie sociale serait impossible. Par
conséquent, pour donner de celle-ci une intelligence
satisfaisante, il est nécessaire de montrer comment

1. *Division du travail social*, 52, 53.
2. *Ibid.*, 301 et suiv.

les phénomènes qui en sont la matière concourent entre eux de manière à mettre la société en harmonie avec elle-même et avec le dehors. Sans doute, la formule courante, qui définit la vie une correspondance entre le milieu interne et le milieu externe, n'est qu'approchée ; cependant elle est vraie en général et, par suite, pour expliquer un fait d'ordre vital, il ne suffit pas de montrer la cause dont il dépend, il faut encore, au moins dans la plupart des cas, trouver la part qui lui revient dans l'établissement de cette harmonie générale.

II

Ces deux questions distinguées, il nous faut déterminer la méthode d'après laquelle elles doivent être résolues.

En même temps qu'elle est finaliste, la méthode d'explication généralement suivie par les sociologues est essentiellement psychologique. Ces deux tendances sont solidaires l'une de l'autre. En effet, si la société n'est qu'un système de moyens institués par les hommes en vue de certaines fins, ces fins ne peuvent être qu'individuelles ; car, avant la société, il ne pouvait exister que des individus. C'est donc de l'individu qu'émanent les idées et les besoins qui ont déterminé la formation des sociétés ; et, si c'est de lui que tout vient, c'est nécessairement par lui que tout doit s'expliquer. D'ailleurs, il n'y a rien dans la société que des consciences particulières ; c'est donc dans ces dernières que se trouve la source de toute l'évolution sociale. Par suite, les lois sociologiques ne pourront être qu'un corollaire des lois plus générales de la psychologie; l'explication suprême de la vie collective consistera à faire voir comment elle découle de la nature humaine en général, soit qu'on l'en déduise directement et sans observation préalable, soit qu'on l'y rattache après l'avoir observée.

Ces termes sont à peu près textuellement ceux dont se sert Auguste Comte pour caractériser sa méthode. « Puisque, dit-il, le phénomène social, conçu en totalité, n'est, au fond, *qu'un simple développement de l'humanité, sans aucune création de facultés quelconques*, ainsi que je l'ai établi ci-dessus, toutes les dispositions effectives que l'observation sociologique pourra successivement dévoiler devront donc se retrouver au moins en germe dans ce type primordial que la biologie a construit par avance pour la sociologie [1]. » C'est que, suivant lui, le fait dominateur de la vie sociale est le progrès et que, d'autre part, le progrès dépend d'un facteur exclusivement psychique, à savoir la tendance qui pousse l'homme à développer de plus en plus sa nature. Les faits sociaux dériveraient même si immédiatement de la nature humaine que, pendant les premières phases de l'histoire, ils en pourraient être directement déduits sans qu'il soit nécessaire de recourir à l'observation [2]. Il est vrai que, de l'aveu de Comte, il est impossible d'appliquer cette méthode déductive aux périodes plus avancées de l'évolution. Seulement cette impossibilité est purement pratique.

---

1. *Cours de philos. pos.*, **IV**, 333.
2. *Ibid.*, 345.

Elle tient à ce que la distance entre le point de départ et le point d'arrivée devient trop considérable pour que l'esprit humain, s'il entreprenait de le parcourir sans guide, ne risquât pas de s'égarer[1]. Mais le rapport entre les lois fondamentales de la nature humaine et les résultats ultimes du progrès ne laisse pas d'être analytique. Les formes les plus complexes de la civilisation ne sont que de la vie psychique développée. Aussi, alors même que les théories de la psychologie ne peuvent pas suffire comme prémisses au raisonnement sociologique, elles sont la pierre de touche qui seule permet d'éprouver la validité des propositions inductivement établies. « Aucune loi de succession sociale, dit Comte, indiquée, même avec toute l'autorité possible, par la méthode historique, ne devra être finalement admise qu'après avoir été rationnellement rattachée, d'une manière d'ailleurs directe ou indirecte, mais toujours incontestable, à la théorie positive de la nature humaine[2]. » C'est donc toujours la psychologie qui aura le dernier mot.

Telle est également la méthode suivie par M. Spencer. Suivant lui, en effet, les deux facteurs primaires des phénomènes sociaux sont le milieu cosmique et la constitution physique et morale de l'individu[3]. Or le premier ne peut avoir d'influence sur la société qu'à travers le second, qui se trouve être ainsi le moteur essentiel de l'évolution sociale. Si la société se forme, c'est pour permettre à l'individu de réaliser sa nature, et toutes les transformations par

1. *Cours de philos. pos.*, 346.
2. *Ibid.*, 335.
3. *Principes de sociologie*, I, 14, 15.

lesquelles elle a passé n'ont d'autre objet que de rendre cette réalisation plus facile et plus complète. C'est en vertu de ce principe que, avant de procéder à aucune recherche sur l'organisation sociale, M. Spencer a cru devoir consacrer presque tout le premier tome de ses *Principes de sociologie* à l'étude de l'homme primitif physique, émotionnel et intellectuel. « La science de la sociologie, dit-il, part des unités sociales, soumises aux conditions que nous avons vues, constituées physiquement, émotionnellement et intellectuellement, et en possession de certaines idées acquises de bonne heure et des sentiments correspondants [1]. » Et c'est dans deux de ces sentiments, la crainte des vivants et la crainte des morts, qu'il trouve l'origine du gouvernement politique et du gouvernement religieux [2]. Il admet, il est vrai, que, une fois formée, la société réagit sur les individus [3]. Mais il ne s'ensuit pas qu'elle ait le pouvoir d'engendrer directement le moindre fait social; elle n'a d'efficacité causale à ce point de vue que par l'intermédiaire des changements qu'elle détermine chez l'individu. C'est donc toujours de la nature humaine, soit primitive, soit dérivée, que tout découle. D'ailleurs, cette action que le corps social exerce sur ses membres ne peut rien avoir de spécifique, puisque les fins politiques ne sont rien en elles-mêmes, mais une simple expression résumée des fins individuelles [4]. Elle ne peut

1. *Op. cit.*, I, 583.
2. *Ibid.*, 582.
3. *Ibid.*, 18.
4. « La société existe pour le profit de ses membres, les membres n'existent pas pour le profit de la société...; les

donc être qu'une sorte de retour de l'activité privée sur elle-même. Surtout, on ne voit pas en quoi elle peut consister dans les sociétés industrielles, qui ont précisément pour objet de rendre l'individu à lui-même et à ses impulsions naturelles, en le débarrassant de toute contrainte sociale.

Ce principe n'est pas seulement à la base de ces grandes doctrines de sociologie générale; il inspire également un très grand nombre de théories particulières. C'est ainsi qu'on explique couramment l'organisation domestique par les sentiments que les parents ont pour leurs enfants et les seconds pour les premiers; l'institution du mariage, par les avantages qu'il présente pour les époux et leur descendance; la peine, par la colère que détermine chez l'individu toute lésion grave de ses intérêts. Toute la vie économique, telle que la conçoivent et l'expliquent les économistes, surtout de l'école orthodoxe, est, en définitive, suspendue à ce facteur purement individuel, le désir de la richesse. S'agit-il de la morale? On fait des devoirs de l'individu envers lui-même la base de l'éthique. De la religion? On y voit un produit des impressions que les grandes forces de la nature ou certaines personnalités éminentes éveillent chez l'homme, etc., etc.

Mais une telle méthode n'est applicable aux phénomènes sociologiques qu'à condition de les dénaturer. Il suffit, pour en avoir la preuve, de se reporter à la définition que nous en avons donnée. Puisque leur caractéristique essentielle consiste dans le pou-

---

droits du corps politique ne sont rien en eux-mêmes, ils ne deviennent quelque chose qu'à condition d'incarner les droits des individus qui le composent. » (*Op. cit.*, II, 20.)

voir qu'ils ont d'exercer, du dehors, une pression sur les consciences individuelles, c'est qu'ils n'en dérivent pas et que, par suite, la sociologie n'est pas un corollaire de la psychologie. Car cette puissance contraignante témoigne qu'ils expriment une nature différente de la nôtre puisqu'ils ne pénétrent en nous que de force ou, tout au moins, en pesant sur nous d'un poids plus ou moins lourd. Si la vie sociale n'était qu'un prolongement de l'être individuel, on ne la verrait pas ainsi remonter vers sa source et l'envahir impétueusement. Puisque l'autorité devant laquelle s'incline l'individu quand il agit, sent ou pense socialement, le domine à ce point, c'est qu'elle est un produit de forces qui le dépassent et dont il ne saurait, par conséquent, rendre compte. Ce n'est pas de lui que peut venir cette poussée extérieure qu'il subit; ce n'est donc pas ce qui se passe en lui qui la peut expliquer. Il est vrai que nous ne sommes pas incapables de nous contraindre nous-mêmes; nous pouvons contenir nos tendances, nos habitudes, nos instincts même et en arrêter le développement par un acte d'inhibition. Mais les mouvements inhibitifs ne sauraient être confondus avec ceux qui constituent la contrainte sociale. Le *processus* des premiers est centrifuge; celui des seconds, centripète. Les uns s'élaborent dans la conscience individuelle et tendent ensuite à s'extérioriser; les autres sont d'abord extérieurs à l'individu, qu'ils tendent ensuite à façonner du dehors à leur image. L'inhibition est bien, si l'on veut, le moyen par lequel la contrainte sociale produit ses effets psychiques; elle n'est pas cette contrainte.

Or, l'individu écarté, il ne reste que la société;

c'est donc dans la nature de la société elle-même qu'il faut aller chercher l'explication de la vie sociale. On conçoit, en effet, que, puisqu'elle dépasse infiniment l'individu dans le temps comme dans l'espace, elle soit en état de lui imposer les manières d'agir et de penser qu'elle a consacrées de son autorité. Cette pression, qui est le signe distinctif des faits sociaux, c'est celle que tous exercent sur chacun.

Mais, dira-t-on, puisque les seuls éléments dont est formée la société sont des individus, l'origine première des phénomènes sociologiques ne peut être que psychologique. En raisonnant ainsi, on peut tout aussi facilement établir que les phénomènes biologiques s'expliquent analytiquement par les phénomènes inorganiques. En effet, il est bien certain qu'il n'y a dans la cellule vivante que des molécules de matière brute. Seulement, ils y sont associés et c'est cette association qui est la cause de ces phénomènes nouveaux qui caractérisent la vie et dont il est impossible de retrouver même le germe dans aucun des éléments associés. C'est qu'un tout n'est pas identique à la somme de ses parties, il est quelque chose d'autre et dont les propriétés diffèrent de celles que présentent les parties dont il est composé. L'association n'est pas, comme on l'a cru quelquefois, un phénomène, par soi-même, infécond, qui consiste simplement à mettre en rapports extérieurs des faits acquis et des propriétés constituées. N'est-elle pas, au contraire, la source de toutes les nouveautés qui se sont successivement produites au cours de l'évolution générale des choses? Quelles différences y a-t-il entre les organismes inférieurs et les autres, entre le vivant organisé et le simple plastide, entre celui-ci et les molécules inorganiques qui le composent, sinon des différences d'association? Tous ces êtres, en dernière analyse, se résolvent en éléments de même nature; mais ces éléments sont, ici, juxtaposés, là, associés; ici, associés d'une manière, là, d'une autre. On est même en droit de se demander si cette loi ne pénètre pas jusque dans le monde minéral et si les différences qui séparent les corps inorganisés n'ont pas la même origine.

En vertu de ce principe, la société n'est pas une simple somme d'individus, mais le système formé par leur association représente une réalité spécifique qui a ses caractères propres. Sans doute, il ne peut rien se produire de collectif si des consciences particulières ne sont pas données; mais cette condition nécessaire n'est pas suffisante. Il faut encore que ces consciences soient associées, combinées, et combinées d'une certaine manière; c'est de cette combinaison que résulte la vie sociale et, par suite, c'est cette combinaison qui l'explique. En s'agrégeant, en se pénétrant, en se fusionnant, les âmes individuelles donnent naissance à un être, psychique si l'on veut, mais qui constitue une individualité psychique d'un genre nouveau [1]. C'est donc dans la nature de cette

1. Voilà dans quel sens et pour quelles raisons on peut et on doit parler d'une conscience collective distincte des consciences individuelles. Pour justifier cette distinction, il n'est pas nécessaire d'hypostasier la première; elle est quelque chose de spécial et doit être désignée par un terme spécial, simplement parce que les états qui la constituent diffèrent spécifiquement de ceux qui constituent les consciences particulières. Cette spécificité leur vient de ce qu'ils ne sont pas formés des mêmes éléments. Les uns, en effet, résultent de la

individualité, non dans celle des unités composantes, qu'il faut aller chercher les causes prochaines et déterminantes des faits qui s'y produisent. Le groupe pense, sent, agit tout autrement que ne feraient ses membres, s'ils étaient isolés. Si donc on part de ces derniers, on ne pourra rien comprendre à ce qui se passe dans le groupe. En un mot, il y a entre la psychologie et la sociologie la même solution de continuité qu'entre la biologie et les sciences physico-chimiques. Par conséquent, toutes les fois qu'un phénomène social est directement expliqué par un phénomène psychique, on peut être assuré que l'explication est fausse.

On répondra, peut-être, que, si la société, une fois formée, est, en effet, la cause prochaine des phénomènes sociaux, les causes qui en ont déterminé la formation sont de nature psychologique. On accorde que, quand les individus sont associés, leur association peut donner naissance à une vie nouvelle, mais on prétend qu'elle ne peut avoir lieu que pour des raisons individuelles. — Mais, en réalité, aussi loin qu'on remonte dans l'histoire, le fait de l'association est le plus obligatoire de tous; car il est la source de toutes les autres obligations. Par suite de ma naissance, je suis obligatoirement rattaché à un peuple déterminé. On dit que, dans la suite, une fois adulte, j'acquiesce à cette obligation par cela seul

---

nature de l'être organico-psychique pris isolément, les autres de la combinaison d'une pluralité d'êtres de ce genre. Les résultantes ne peuvent donc pas manquer de différer, puisque les composantes diffèrent à ce point. Notre définition du fait social ne faisait, d'ailleurs, que marquer d'une autre manière cette ligne de démarcation.

que je continue à vivre dans mon pays. Mais qu'importe? Cet acquiescement ne lui enlève pas son caractère impératif. Une pression acceptée et subie de bonne grâce ne laisse pas d'être une pression. D'ailleurs, quelle peut être la portée d'une telle adhésion? D'abord, elle est forcée, car, dans l'immense majorité des cas, il nous est matériellement et moralement impossible de dépouiller notre nationalité; un tel changement passe même généralement pour une apostasie. Ensuite, elle ne peut concerner le passé qui n'a pu être consenti et qui, pourtant, détermine le présent : je n'ai pas voulu l'éducation que j'ai reçue; or, c'est elle qui, plus que toute autre cause, me fixe au sol natal. Enfin, elle ne saurait avoir de valeur morale pour l'avenir, dans la mesure où il est inconnu. Je ne connais même pas tous les devoirs qui peuvent m'incomber un jour ou l'autre en ma qualité de citoyen; comment pourrais-je y acquiescer par avance? Or tout ce qui est obligatoire, nous l'avons démontré, a sa source en dehors de l'individu. Tant donc qu'on ne sort pas de l'histoire, le fait de l'association présente le même caractère que les autres et, par conséquent, s'explique de la même manière. D'autre part, comme toutes les sociétés sont nées d'autres sociétés sans solution de continuité, on peut être assuré que, dans tout le cours de l'évolution sociale, il n'y a pas eu un moment où les individus aient eu vraiment à délibérer pour savoir s'ils entreraient ou non dans la vie collective, et dans celle-ci plutôt que dans celle-là. Pour que la question pût se poser, il faudrait donc remonter jusqu'aux origines premières de toute société. Mais les solutions, toujours douteuses, que l'on peut apporter à de tels problèmes, ne sauraient en aucun cas affecter la méthode d'après laquelle doivent être traités les faits donnés dans l'histoire. Nous n'avons donc pas à les discuter.

Mais on se méprendrait étrangement sur notre pensée, si, de ce qui précède, on tirait cette conclusion que la sociologie, suivant nous, doit ou même peut faire abstraction de l'homme et de ses facultés. Il est clair, au contraire, que les caractères généraux de la nature humaine entrent dans le travail d'élaboration d'où résulte la vie sociale. Seulement, ce n'est pas eux qui la suscitent ni qui lui donnent sa forme spéciale; ils ne font que la rendre possible. Les représentations, les émotions, les tendances collectives n'ont pas pour causes génératrices certains états de la conscience des particuliers, mais les conditions où se trouve le corps social dans son ensemble. Sans doute, elles ne peuvent se réaliser que si les natures individuelles n'y sont pas réfractaires; mais celles-ci ne sont que la matière indéterminée que le facteur social détermine et transforme. Leur contribution consiste exclusivement en états très généraux, en prédispositions vagues et, par suite, plastiques qui, par elles-mêmes, ne sauraient prendre les formes définies et complexes qui caractérisent les phénomènes sociaux, si d'autres agents n'intervenaient.

Quel abîme, par exemple, entre les sentiments que l'homme éprouve en face de forces supérieures à la sienne et l'institution religieuse avec ses croyances, ses pratiques si multipliées et si compliquées, son organisation matérielle et morale; entre les conditions psychiques de la sympathie que deux

êtres de même sang éprouvent l'un pour l'autre [1],
et cet ensemble touffu de règles juridiques et morales
qui déterminent la structure de la famille, les rapports des personnes entre elles, des choses avec les
personnes, etc.! Nous avons vu que, même quand la
société se réduit à une foule inorganisée, les sentiments collectifs qui s'y forment peuvent, non seulement ne pas ressembler, mais être opposés à la
moyenne des sentiments individuels. Combien l'écart
doit-il être plus considérable encore quand la pression
que subit l'individu est celle d'une société régulière,
où, à l'action des contemporains, s'ajoute celle des
générations antérieures et de la tradition! Une explication purement psychologique des faits sociaux ne
peut donc manquer de laisser échapper tout ce
qu'ils ont de spécifique, c'est-à-dire de social.

Ce qui a masqué aux yeux de tant de sociologues
l'insuffisance de cette méthode, c'est que, prenant
l'effet pour la cause, il leur est arrivé très souvent
d'assigner comme conditions déterminantes aux phénomènes sociaux certains états psychiques, relativement définis et spéciaux, mais qui, en fait, en sont
la conséquence. C'est ainsi qu'on a considéré comme
inné à l'homme un certain sentiment de religiosité,
un certain *minimum* de jalousie sexuelle, de piété
filiale, d'amour paternel, etc., et c'est par là que l'on
a voulu expliquer la religion, le mariage, la famille.
Mais l'histoire montre que ces inclinations, loin
d'être inhérentes à la nature humaine, ou bien font
totalement défaut dans certaines circonstances socia-

---

1. Si tant est qu'elle existe avant toute vie sociale. V. sur
ce point Espinas, *Sociétés animales*, 474.

les, ou, d'une société à l'autre, présentent de telles variations que le résidu que l'on obtient en éliminant toutes ces différences, et qui seul peut être considéré comme d'origine psychologique, se réduit à quelque chose de vague et de schématique qui laisse à une distance infinie les faits qu'il s'agit d'expliquer. C'est donc que ces sentiments résultent de l'organisation collective, loin d'en être la base. Même il n'est pas du tout prouvé que la tendance à la sociabilité ait été, dès l'origine, un instinct congénital du genre humain. Il est beaucoup plus naturel d'y voir un produit de la vie sociale, qui s'est lentement organisé en nous; car c'est un fait d'observation que les animaux sont sociables ou non suivant que les dispositions de leurs habitats les obligent à la vie commune ou les en détournent. — Et encore faut-il ajouter que, même entre ces inclinations plus déterminées et la réalité sociale, l'écart reste considérable.

Il y a d'ailleurs un moyen d'isoler à peu près complètement le facteur psychologique de manière à pouvoir préciser l'étendue de son action, c'est de chercher de quelle façon la race affecte l'évolution sociale. En effet, les caractères ethniques sont d'ordre organico-psychique. La vie sociale doit donc varier quand ils varient, si les phénomènes psychologiques ont sur la société l'efficacité causale qu'on leur attribue. Or nous ne connaissons aucun phénomène social qui soit placé sous la dépendance incontestée de la race. Sans doute, nous ne saurions attribuer à cette proposition la valeur d'une loi; nous pouvons du moins l'affirmer comme un fait constant de notre pratique. Les formes d'organisation les plus diverses se ren-

contrent dans des sociétés de même race, tandis que
des similitudes frappantes s'observent entre des
sociétés de races différentes. La cité a existé chez les
Phéniciens, comme chez les Romains et les Grecs;
on la trouve en voie de formation chez les Kabyles.
La famille patriarcale était presque aussi développée
chez les Juifs que chez les Indous, mais elle ne se
retrouve pas chez les Slaves qui sont pourtant de
race aryenne. En revanche, le type familial qu'on y
rencontre existe aussi chez les Arabes. La famille
maternelle et le clan s'observent partout. Le détail
des preuves judiciaires, des cérémonies nuptiales est
le même chez les peuples les plus dissemblables au
point de vue ethnique. S'il en est ainsi, c'est que
l'apport psychique est trop général pour prédéterminer le cours des phénomènes sociaux. Puisqu'il
n'implique pas une forme sociale plutôt qu'une autre,
il ne peut en expliquer aucune. Il y a, il est vrai, un
certain nombre de faits qu'il est d'usage d'attribuer
à l'influence de la race. C'est ainsi, notamment, qu'on
explique comment le développement des lettres et
des arts a été si rapide et si intense à Athènes, si
lent et si médiocre à Rome. Mais cette interprétation
des faits, pour être classique, n'a jamais été méthodiquement démontrée; elle semble bien tirer à peu
près toute son autorité de la seule tradition. On n'a
même pas essayé si une explication sociologique des
mêmes phénomènes n'était pas possible et nous
sommes convaincu qu'elle pourrait être tentée avec
succès. En somme, quand on rapporte avec cette
rapidité à des facultés esthétiques congénitales le
caractère artistique de la civilisation athénienne, on
procède à peu près comme faisait le moyen âge quand

8

il expliquait le feu par le phlogistique et les effets de
l'opium par sa vertu dormitive.

Enfin, si vraiment l'évolution sociale avait son origine dans la constitution psychologique de l'homme,
on ne voit pas comment elle aurait pu se produire.
Car, alors, il faudrait admettre qu'elle a pour moteur
quelque ressort intérieur à la nature humaine. Mais
quel pourrait être ce ressort? Serait-ce cette sorte
d'instinct dont parle Comte et qui pousse l'homme à
réaliser de plus en plus sa nature? Mais c'est répondre
à la question par la question et expliquer le progrès
par une tendance innée au progrès, véritable entité
métaphysique dont rien, du reste, ne démontre
l'existence; car les espèces animales, même les plus
élevées, ne sont aucunement travaillées par le besoin
de progresser et, même parmi les sociétés humaines,
il en est beaucoup qui se plaisent à rester indéfiniment stationnaires. Serait-ce, comme semble le croire
M. Spencer, le besoin d'un plus grand bonheur que
les formes de plus en plus complexes de la civilisation seraient destinées à réaliser de plus en plus complètement? Il faudrait alors établir que le bonheur
croît avec la civilisation et nous avons exposé ailleurs
toutes les difficultés que soulève cette hypothèse [1].
Mais il y a plus; alors même que l'un ou l'autre de
ces deux postulats devrait être admis, le développement historique ne serait pas, pour cela, rendu intelligible; car l'explication qui en résulterait serait
purement finaliste et nous avons montré plus haut
que les faits sociaux, comme tous les phénomènes
naturels, ne sont pas expliqués par cela seul qu'on a

---

1. *Division du travail social*, l. II, ch. I.

fait voir qu'ils servent à quelque fin. Quand on a bien prouvé que les organisations sociales de plus en plus savantes qui se sont succédé au cours de l'histoire ont eu pour effet de satisfaire toujours davantage tel ou tel de nos penchants fondamentaux, on n'a pas fait comprendre pour autant comment elles se sont produites. Le fait qu'elles étaient utiles ne nous apprend pas ce qui les a fait être. Alors même qu'on s'expliquerait comment nous sommes parvenus à les imaginer, à en faire comme le plan par avance de manière à nous représenter les services que nous en pouvions attendre — et le problème est déjà difficile — les vœux dont elles pouvaient être ainsi l'objet n'avaient pas la vertu de les tirer du néant. En un mot, étant admis qu'elles sont les moyens nécessaires pour atteindre le but poursuivi, la question reste tout entière : Comment, c'est-à-dire de quoi et par quoi ces moyens ont-ils été constitués?

Nous arrivons donc à la règle suivante : *La cause déterminante d'un fait social doit être cherchée parmi les faits sociaux antécédents, et non parmi les états de la conscience individuelle.* D'autre part, on conçoit aisément que tout ce qui précède s'applique à la détermination de la fonction, aussi bien qu'à celle de la cause. La fonction d'un fait social ne peut être que sociale, c'est-à-dire qu'elle consiste dans la production d'effets socialement utiles. Sans doute, il peut se faire, et il arrive en effet, que, par contre-coup, il serve aussi à l'individu. Mais ce résultat heureux n'est pas sa raison d'être immédiate. Nous pouvons donc compléter la proposition précédente en disant : *La fonction d'un fait social doit toujours être recherchée dans le rapport qu'il soutient avec quelque fin sociale.*

C'est parce que les sociologues ont souvent méconnu cette règle et considéré les phénomènes sociaux d'un point de vue trop psychologique, que leurs théories paraissent à de nombreux esprits trop vagues, trop flottantes, trop éloignées de la nature spéciale des choses qu'ils croient expliquer. L'historien, notamment, qui vit dans l'intimité de la réalité sociale, ne peut manquer de sentir fortement combien ces interprétations trop générales sont impuissantes à rejoindre les faits; et c'est, sans doute, ce qui a produit, en partie, la défiance que l'histoire a souvent témoignée à la sociologie. Ce n'est pas à dire, assurément, que l'étude des faits psychiques ne soit pas indispensable au sociologue. Si la vie collective ne dérive pas de la vie individuelle, l'une et l'autre sont étroitement en rapports; si la seconde ne peut expliquer la première, elle peut, du moins, en faciliter l'explication. D'abord comme nous l'avons montré, il est incontestable que les faits sociaux sont produits par une élaboration *sui generis* de faits psychiques. Mais, en outre, cette élaboration elle-même n'est pas sans analogies avec celle qui se produit dans chaque conscience individuelle et qui transforme progressivement les éléments primaires (sensations, réflexes, instincts) dont elle est originellement constituée. Ce n'est pas sans raison qu'on a pu dire du moi qu'il était lui-même une société, au même titre que l'organisme, quoique d'une autre manière, et il y a longtemps que les psychologues ont montré toute l'importance du facteur *association* pour l'explication de la vie de l'esprit. Une culture psychologique, plus encore qu'une culture biologique, constitue donc pour le sociologue une propédeutique nécessaire; mais elle ne lui sera utile qu'à condition

qu'il s'en affranchisse après l'avoir reçue et qu'il la
dépasse en la complétant par une culture spécialement
sociologique. Il faut qu'il renonce à faire de la psychologie, en quelque sorte, le centre de ses opéra-
tions, le point d'où doivent partir et où doivent le
ramener les incursions qu'il risque dans le monde
social, et qu'il s'établisse au cœur même des faits
sociaux, pour les observer de front et sans intermédiaire, en ne demandant à la science de l'individu
qu'une préparation générale et, au besoin, d'utiles
suggestions [1].

III

Puisque les faits de morphologie sociale sont de
même nature que les phénomènes physiologiques,
ils doivent s'expliquer d'après cette même règle que

[1]. Les phénomènes psychiques ne peuvent avoir de conséquences sociales que quand ils sont si intimement unis à des
phénomènes sociaux que l'action des uns et des autres est
nécessairement confondue. C'est le cas de certains faits socio-
psychiques. Ainsi, un fonctionnaire est une force sociale, mais
c'est en même temps un individu. Il en résulte qu'il peut se
servir de l'énergie sociale qu'il détient, dans un sens déterminé
par sa nature individuelle, et, par là, il peut avoir une influence
sur la constitution de la société. C'est ce qui arrive aux hommes
d'État et, plus généralement, aux hommes de génie. Ceux-ci,
alors même qu'ils ne remplissent pas une fonction sociale,
tirent des sentiments collectifs dont ils sont l'objet, une autorité qui est, elle aussi, une force sociale, et qu'ils peuvent
mettre, dans une certaine mesure, au service d'idées personnelles. Mais on voit que ces cas sont dus à des accidents individuels et, par suite, ne sauraient affecter les traits constitutifs
de l'espèce sociale qui, seule, est objet de science. La restriction
au principe énoncé plus haut n'est donc pas de grande importance pour le sociologue.

nous venons d'énoncer. Toutefois, il résulte de tout ce qui précède qu'ils jouent dans la vie collective et, par suite, dans les explications sociologiques un rôle prépondérant.

En effet, si la condition déterminante des phénomènes sociaux consiste, comme nous l'avons montré, dans le fait même de l'association, ils doivent varier avec les formes de cette association, c'est-à-dire suivant les manières dont sont groupées les parties constituantes de la société. Puisque, d'autre part, l'ensemble déterminé que forment, par leur réunion, les éléments de toute nature qui entrent dans la composition d'une société, en constitue le milieu interne, de même que l'ensemble des éléments anatomiques, avec la manière dont ils sont disposés dans l'espace, constitue le milieu interne des organismes, on pourra dire : *L'origine première de tout processus social de quelque importance doit être recherchée dans la constitution du milieu social interne.*

Il est même possible de préciser davantage. En effet, les éléments qui composent ce milieu sont de deux sortes : il y a les choses et les personnes. Parmi les choses, il faut comprendre, outre les objets matériels qui sont incorporés à la société, les produits de l'activité sociale antérieure, le droit constitué, les mœurs établies, les monuments littéraires, artistiques, etc. Mais il est clair que ce n'est ni des uns ni des autres que peut venir l'impulsion qui détermine les transformations sociales ; car ils ne recèlent aucune puissance motrice. Il y a, assurément, lieu d'en tenir compte dans les explications que l'on tente. Ils pèsent, en effet, d'un certain poids sur l'évolution sociale dont la vitesse et la direction même varient suivant ce qu'ils sont; mais ils n'ont rien de ce qui est nécessaire pour la mettre en branle. Ils sont la matière à laquelle s'appliquent les forces vives de la société, mais ils ne dégagent par eux-mêmes aucune force vive. Reste donc, comme facteur actif, le milieu proprement humain.

L'effort principal du sociologue devra donc tendre à découvrir les différentes propriétés de ce milieu qui sont susceptibles d'exercer une action sur le cours des phénomènes sociaux. Jusqu'à présent, nous avons trouvé deux séries de caractères qui répondent d'une manière éminente à cette condition; c'est le nombre des unités sociales ou, comme nous avons dit aussi, le volume de la société, et le degré de concentration de la masse, ou ce que nous avons appelé la densité dynamique. Par ce dernier mot, il faut entendre non pas le resserrement purement matériel de l'agrégat qui ne peut avoir d'effet si les individus ou plutôt les groupes d'individus restent séparés par des vides moraux, mais le resserrement moral dont le précédent n'est que l'auxiliaire et, assez généralement, la conséquence. La densité dynamique peut se définir, à volume égal, en fonction du nombre des individus qui sont effectivement en relations non pas seulement commerciales, mais morales; c'est-à-dire, qui non seulement échangent des services ou se font concurrence, mais vivent d'une vie commune. Car, comme les rapports purement économiques laissent les hommes en dehors les uns des autres, on peut en avoir de très suivis sans participer pour cela à la même existence collective. Les affaires qui se nouent par-dessus les frontières qui séparent les peuples ne font pas que ces frontières n'existent pas. Or, la vie commune ne peut être affectée que par le nombre de ceux qui y collaborent efficacement. C'est pourquoi ce qui exprime le mieux la densité dynamique d'un peuple, c'est le degré de coalescence des segments sociaux. Car si chaque agrégat partiel forme un tout, une individualité distincte, séparée des autres par une barrière, c'est que l'action de ses membres, en général, y reste localisée; si, au contraire, ces sociétés partielles sont toutes confondues au sein de la société totale ou tendent à s'y confondre, c'est que, dans la même mesure, le cercle de la vie sociale s'est étendu.

Quant à la densité matérielle — si, du moins, on entend par là non pas seulement le nombre des habitants par unité de surface, mais le développement des voies de communication et de transmission — elle marche, *d'ordinaire*, du même pas que la densité dynamique et, *en général*, peut servir à la mesurer. Car si les différentes parties de la population tendent à se rapprocher, il est inévitable qu'elles se frayent des voies qui permettent ce rapprochement, et, d'un autre côté, des relations ne peuvent s'établir entre des points distants de la masse sociale que si cette distance n'est pas un obstacle, c'est-à-dire, est, en fait, supprimée. Cependant il y a des exceptions [1] et on s'exposerait à de

---

1. Nous avons eu le tort, dans notre *Division du travail*, de trop présenter la densité matérielle comme l'expression exacte de la densité dynamique. Toutefois, la substitution de la première à la seconde est absolument légitime pour tout ce qui concerne les effets économiques de celle-ci, par exemple la division du travail comme fait purement économique.

sérieuses erreurs si l'on jugeait toujours de la concentration morale d'une société d'après le degré de concentration matérielle qu'elle présente. Les routes, les lignes ferrées, etc., peuvent servir au mouvement des affaires plus qu'à la fusion des populations, qu'elles n'expriment alors que très imparfaitement. C'est le cas de l'Angleterre dont la densité matérielle est supérieure à celle de la France, et où, pourtant, la coalescence des segments est beaucoup moins avancée, comme le prouve la persistance de l'esprit local et de la vie régionale.

Nous avons montré ailleurs comment tout accroissement dans le volume et dans la densité dynamique des sociétés, en rendant la vie sociale plus intense, en étendant l'horizon que chaque individu embrasse par sa pensée et emplit de son action, modifie profondément les conditions fondamentales de l'existence collective. Nous n'avons pas à revenir sur l'application que nous avons faite alors de ce principe. Ajoutons seulement qu'il nous a servi à traiter non pas seulement la question encore très générale qui faisait l'objet de cette étude, mais beaucoup d'autres problèmes plus spéciaux, et que nous avons pu en vérifier ainsi l'exactitude par un nombre déjà respectable d'expériences. Toutefois, il s'en faut que nous croyions avoir trouvé toutes les particularités du milieu social qui sont susceptibles de jouer un rôle dans l'explication des faits sociaux. Tout ce que nous pouvons dire, c'est que ce sont les seules que nous ayons aperçues et que nous n'avons pas été amené à en rechercher d'autres.

Mais cette espèce de prépondérance que nous attribuons au milieu social et, plus particulièrement, au

milieu humain n'implique pas qu'il faille y voir une
sorte de fait ultime et absolu au delà duquel il n'y
ait pas lieu de remonter. Il est évident, au contraire,
que l'état où il se trouve à chaque moment de l'histoire dépend lui-même de causes sociales, dont les
unes sont inhérentes à la société elle-même, tandis
que les autres tiennent aux actions et aux réactions
qui s'échangent entre cette société et ses voisines.
D'ailleurs, la science ne connaît pas de causes premières, au sens absolu du mot. Pour elle, un fait
est primaire simplement quand il est assez général
pour expliquer un grand nombre d'autres faits. Or
le milieu social est certainement un facteur de ce
genre; car les changements qui s'y produisent,
quelles qu'en soient les causes, se répercutent dans
toutes les directions de l'organisme social et ne peuvent manquer d'en affecter plus ou moins toutes les
fonctions.

Ce que nous venons de dire du milieu général de
la société peut se répéter des milieux spéciaux à
chacun des groupes particuliers qu'elle renferme.
Par exemple, selon que la famille sera plus ou moins
volumineuse, plus ou moins repliée sur elle-même,
la vie domestique sera tout autre. De même, si les
corporations professionnelles se reconstituent de
manière à ce que chacune d'elles soit ramifiée sur
toute l'étendue du territoire au lieu de rester enfer-
mée, comme jadis, dans les limites d'une cité, l'action qu'elles exerceront sera très différente de celle
qu'elles exercèrent autrefois. Plus généralement, la
vie professionnelle sera tout autre suivant que le
milieu propre à chaque profession sera fortement
constitué ou que la trame en sera lâche, comme elle

est aujourd'hui. Toutefois, l'action de ces milieux particuliers ne saurait avoir l'importance du milieu général; car ils sont soumis eux-mêmes à l'influence de ce dernier. C'est toujours à celui-ci qu'il en faut revenir. C'est la pression qu'il exerce sur ces groupes partiels qui fait varier leur constitution.

Cette conception du milieu social comme facteur déterminant de l'évolution collective est de la plus haute importance. Car, si on la rejette, la sociologie est dans l'impossibilité d'établir aucun rapport de causalité.

En effet, cet ordre de causes écarté, il n'y a pas de conditions concomitantes dont puissent dépendre les phénomènes sociaux; car si le milieu social externe, c'est-à-dire celui qui est formé par les sociétés ambiantes, est susceptible d'avoir quelque action, ce n'est guère que sur les fonctions qui ont pour objet l'attaque et la défense et, de plus, il ne peut faire sentir son influence que par l'intermédiaire du milieu social interne. Les principales causes du développement historique ne se trouveraient donc pas parmi les *circumfusa*; elles seraient toutes dans le passé. Elles feraient elles-mêmes partie de ce développement dont elles constitueraient simplement des phases plus anciennes. Les événements actuels de la vie sociale dériveraient non de l'état actuel de la société, mais des événements antérieurs, des précédents historiques, et les explications sociologiques consisteraient exclusivement à rattacher le présent au passé.

Il peut sembler, il est vrai, que ce soit suffisant. Ne dit-on pas couramment que l'histoire a précisément pour objet d'enchaîner les événements selon

leur ordre de succession? Mais il est impossible de
concevoir comment l'état où la civilisation se trouve
parvenue à un moment donné pourrait être la cause
déterminante de l'état qui suit. Les étapes que par-
court successivement l'humanité ne s'engendrent pas
les unes les autres. On comprend bien que les progrès
réalisés à une époque déterminée dans l'ordre juridique, économique, politique, etc., rendent possibles
de nouveaux progrès, mais en quoi les prédéter-
minent-ils? Ils sont un point de départ qui permet
d'aller plus loin; mais qu'est-ce qui nous incite à aller
plus loin? Il faudrait admettre alors une tendance
interne qui pousse l'humanité à dépasser sans cesse
les résultats acquis, soit pour se réaliser complètement, soit pour accroître son bonheur, et l'objet de
la sociologie serait de retrouver l'ordre selon lequel
s'est développée cette tendance. Mais, sans revenir
sur les difficultés qu'implique une pareille hypothèse, en tout cas, la loi qui exprime ce développement ne saurait avoir rien de causal. Un rapport de
causalité, en effet, ne peut s'établir qu'entre deux
faits donnés; or cette tendance, qui est censée être
la cause de ce développement, n'est pas donnée; elle
n'est que postulée et construite par l'esprit d'après
les effets qu'on lui attribue. C'est une sorte de faculté
motrice que nous imaginons sous le mouvement,
pour en rendre compte; mais la cause efficiente d'un
mouvement ne peut être qu'un autre mouvement,
non une virtualité de ce genre. Tout ce que nous
atteignons donc expérimentalement en l'espèce, c'est
une suite de changements entre lesquels il n'existe
pas de lien causal. L'état antécédent ne produit pas le
conséquent, mais le rapport entre eux est exclusive-

ment chronologique. Aussi, dans ces conditions, toute prévision scientifique est-elle impossible. Nous pouvons bien dire comment les choses se sont succédé jusqu'à présent, non dans quel ordre elles se succéderont désormais, parce que la cause dont elles sont censées dépendre n'est pas scientifiquement déterminée, ni déterminable. D'ordinaire, il est vrai, on admet que l'évolution se poursuivra dans le même sens que par le passé, mais c'est en vertu d'un simple postulat. Rien ne nous assure que les faits réalisés expriment assez complètement la nature de cette tendance pour qu'on puisse préjuger le terme auquel elle aspire d'après ceux par lesquels elle a successivement passé. Pourquoi même la direction qu'elle suit et qu'elle imprime serait-elle rectiligne?

Voilà pourquoi, en fait, le nombre des relations causales, établies par les sociologues, se trouve être si restreint. A quelques exceptions près, dont Montesquieu est le plus illustre exemple, l'ancienne philosophie de l'histoire s'est uniquement attachée à découvrir le sens général dans lequel s'oriente l'humanité, sans chercher à relier les phases de cette évolution à aucune condition concomitante. Quelque grands services que Comte ait rendus à la philosophie sociale, les termes dans lesquels il pose le problème sociologique ne diffèrent pas des précédents. Aussi, sa fameuse loi des trois états n'a-t-elle rien d'un rapport de causalité; fût-elle exacte, elle n'est et ne peut être qu'empirique. C'est un coup d'œil sommaire sur l'histoire écoulée du genre humain. C'est tout à fait arbitrairement que Comte considère le troisième état comme l'état définitif de l'humanité. Qui nous dit qu'il n'en surgira pas un autre dans

l'avenir? Enfin, la loi qui domine la sociologie de
M. Spencer ne paraît pas être d'une autre nature.
Fût-il vrai que nous tendons actuellement à chercher
notre bonheur dans une civilisation industrielle, rien
n'assure que, dans la suite, nous ne le chercherons
pas ailleurs. Or, ce qui fait la généralité et la persistance de cette méthode, c'est qu'on a vu le plus souvent dans le milieu social un moyen par lequel le
progrès se réalise, non la cause qui le détermine.

D'un autre côté, c'est également par rapport à ce
même milieu que se doit mesurer la valeur utile ou,
comme nous avons dit, la fonction des phénomènes
sociaux. Parmi les changements dont il est la cause,
ceux-là servent qui sont en rapport avec l'état où il
se trouve, puisqu'il est la condition essentielle de
l'existence collective. A ce point de vue encore, la
conception que nous venons d'exposer est, croyons-
nous, fondamentale ; car, seule, elle permet d'expliquer comment le caractère utile des phénomènes
sociaux peut varier sans pourtant dépendre d'arrangements arbitraires. Si, en effet, on se représente
l'évolution historique comme mue par une sorte de
vis a tergo qui pousse les hommes en avant, puisqu'une tendance motrice ne peut avoir qu'un but et
qu'un seul, il ne peut y avoir qu'un point de repère
par rapport auquel on calcule l'utilité ou la nocivité
des phénomènes sociaux. Il en résulte qu'il n'existe
et ne peut exister qu'un seul type d'organisation
sociale qui convienne parfaitement à l'humanité, et
que les différentes sociétés historiques ne sont que
des approximations successives de cet unique modèle.
Il n'est pas nécessaire de montrer combien un pareil
simplisme est aujourd'hui inconciliable avec la variété

et la complexité reconnues des formes sociales. Si, au contraire, la convenance ou la disconvenance des institutions ne peut s'établir que par rapport à un milieu donné, comme ces milieux sont divers, il y a dès lors une diversité de points de repère et, par suite, de types qui, tout en étant qualitativement distincts les uns des autres, sont tous également fondés dans la nature des milieux sociaux.

La question que nous venons de traiter est donc étroitement connexe de celle qui a trait à la constitution des types sociaux. S'il y a des espèces sociales, c'est que la vie collective dépend avant tout de conditions concomitantes qui présentent une certaine diversité. Si, au contraire, les principales causes des événements sociaux étaient toutes dans le passé, chaque peuple ne serait plus que le prolongement de celui qui l'a précédé et les différentes sociétés perdraient leur individualité pour ne plus devenir que des moments divers d'un seul et même développement. Puisque, d'autre part, la constitution du milieu social résulte du mode de composition des agrégats sociaux, que même ces deux expressions sont, au fond, synonymes, nous avons maintenant la preuve qu'il n'y a pas de caractères plus essentiels que ceux que nous avons assignés comme base à la classification sociologique.

Enfin, on doit comprendre maintenant, mieux que précédemment, combien il serait injuste de s'appuyer sur ces mots de conditions extérieures et de milieu, pour accuser notre méthode de chercher les sources de la vie en dehors du vivant. Tout au contraire, les considérations qu'on vient de lire se ramènent à cette idée que les causes des phénomènes sociaux sont internes à la société. C'est bien plutôt à la théorie qui fait dériver la société de l'individu qu'on pourrait justement reprocher de chercher à tirer le dedans du dehors, puisqu'elle explique l'être social par autre chose que lui-même, et le plus du moins. puisqu'elle entreprend de déduire le tout de la partie. Les principes qui précèdent méconnaissent si peu le caractère spontané de tout vivant que, si on les applique à la biologie et à la psychologie, on devra admettre que la vie individuelle, elle aussi, s'élabore tout entière à l'intérieur de l'individu.

IV

Du groupe de règles qui viennent d'être établies se dégage une certaine conception de la société et de la vie collective.

Deux théories contraires se partagent sur ce point les esprits.

Pour les uns, comme Hobbes, Rousseau, il y a solution de continuité entre l'individu et la société. L'homme est donc naturellement réfractaire à la vie commune, il ne peut s'y résigner que forcé. Les fins sociales ne sont pas simplement le point de rencontre des fins individuelles; elles leur sont plutôt contraires. Aussi, pour amener l'individu à les poursuivre, est-il nécessaire d'exercer sur lui une contrainte, et c'est dans l'institution et l'organisation de cette contrainte que consiste, par excellence, l'œuvre sociale. Seulement, parce que l'individu est regardé comme la seule et unique réalité du règne humain, cette organisation, qui a pour objet de le gêner et de le contenir, ne peut être conçue que comme artificielle. Elle n'est pas fondée dans la nature, puisqu'elle est destinée à lui faire violence en l'empêchant de produire ses conséquences anti-sociales. C'est une œuvre d'art, une machine construite tout entière de la main des hommes et qui, comme tous les produits de ce genre, n'est ce qu'elle est que parce que les hommes l'ont voulue telle; un décret de la volonté l'a créée, un autre décret la peut transformer. Ni Hobbes ni Rousseau ne paraissent avoir aperçu tout ce qu'il y a de contradictoire à admettre que l'individu soit lui-même l'auteur d'une machine qui a pour rôle essentiel de le dominer et de le contraindre, ou du moins, il leur a paru que, pour faire disparaître cette contradiction, il suffisait de la dissimuler aux yeux de ceux qui en sont les victimes par l'habile artifice du pacte social.

C'est de l'idée contraire que se sont inspirés et les théoriciens du droit naturel et les économistes et, plus récemment, M. Spencer [1]. Pour eux, la vie sociale est essentiellement spontanée et la société une chose naturelle. Mais, s'ils lui confèrent ce caractère, ce n'est pas qu'ils lui reconnaissent une nature spécifique; c'est qu'ils lui trouvent une base dans la nature de l'individu. Pas plus que les précédents penseurs, ils n'y voient un système de choses qui existe par soi-même, en vertu de causes qui lui sont spéciales. Mais, tandis que ceux-là ne la concevaient que comme un arrangement conventionnel qu'aucun

1. La position de Comte sur ce sujet est d'un éclectisme assez ambigu.

lien ne rattache à la réalité et qui se tient en l'air,
pour ainsi dire, ils lui donnent pour assises les instincts fondamentaux du cœur humain. L'homme est
naturellement enclin à la vie politique, domestique,
religieuse, aux échanges, etc., et c'est de ces penchants naturels que dérive l'organisation sociale. Par
conséquent, partout où elle est normale, elle n'a pas
besoin de s'imposer. Quand elle recourt à la contrainte, c'est qu'elle n'est pas ce qu'elle doit être ou
que les circonstances sont anormales. En principe,
il n'y a qu'à laisser les forces individuelles se développer en liberté pour qu'elles s'organisent socialement.

Ni l'une ni l'autre de ces doctrines n'est la nôtre.

Sans doute, nous faisons de la contrainte la caractéristique de tout fait social. Seulement, cette contrainte ne résulte pas d'une machinerie plus ou moins
savante, destinée à masquer aux hommes les pièges
dans lesquels ils se sont pris eux-mêmes. Elle est
simplement due à ce que l'individu se trouve en présence d'une force qui le domine et devant laquelle il
s'incline ; mais cette force est naturelle. Elle ne dérive
pas d'un arrangement conventionnel que la volonté
humaine a surajouté de toutes pièces au réel ; elle
sort des entrailles mêmes de la réalité ; elle est le produit nécessaire de causes données. Aussi, pour amener
l'individu à s'y soumettre de son plein gré, n'est-il
nécessaire de recourir à aucun artifice ; il suffit de
lui faire prendre conscience de son état de dépendance et d'infériorité naturelles — qu'il s'en fasse
par la religion une représentation sensible et symbolique ou qu'il arrive à s'en former par la science une
notion adéquate et définie. Comme la supériorité

que la société a sur lui n'est pas simplement physique, mais intellectuelle et morale, elle n'a rien à craindre du libre examen, pourvu qu'il en soit fait un juste emploi. La réflexion, en faisant comprendre à l'homme combien l'être social est plus riche, plus complexe et plus durable que l'être individuel, ne peut que lui révéler les raisons intelligibles de la subordination qui est exigée de lui et des sentiments d'attachement et de respect que l'habitude a fixés dans son cœur [1].

Il n'y a donc qu'une critique singulièrement superficielle qui pourrait reprocher à notre conception de la contrainte sociale de rééditer les théories de Hobbes et de Machiavel. Mais si, contrairement à ces philosophes, nous disons que la vie sociale est naturelle, ce n'est pas que nous en trouvions la source dans la nature de l'individu; c'est qu'elle dérive directement de l'être collectif qui est, par lui-même, une nature *sui generis*; c'est qu'elle résulte de cette élaboration spéciale à laquelle sont soumises les consciences particulières par le fait de leur association et d'où se dégage une nouvelle forme d'existence [2]. Si donc

---

1. Voilà pourquoi toute contrainte n'est pas normale. Celle-là seulement mérite ce nom qui correspond à quelque supériorité sociale, c'est-à-dire intellectuelle ou morale. Mais celle qu'un individu exerce sur l'autre parce qu'il est plus fort ou plus riche, surtout si cette richesse n'exprime pas sa valeur sociale, est anormale et ne peut se maintenir que par la violence.

2. Notre théorie est même plus contraire à celle de Hobbes que celle du droit naturel. En effet, pour les partisans de cette dernière doctrine, la vie collective n'est naturelle que dans la mesure où elle peut être déduite de la nature individuelle. Or, seules les formes les plus générales de l'organisation sociale peuvent, à la rigueur, être dérivées de cette origine. Quant au

nous reconnaissons avec les uns qu'elle se présente
à l'individu sous l'aspect de la contrainte, nous admet-
tons avec les autres qu'elle est un produit spontané
de la réalité; et ce qui relie logiquement ces deux
éléments, contradictoires en apparence, c'est que
cette réalité d'où elle émane dépasse l'individu. C'est
dire que ces mots de contrainte et de spontanéité
n'ont pas dans notre terminologie le sens que Hobbes
donne au premier et M. Spencer au second.

En résumé, à la plupart des tentatives qui ont été
faites pour expliquer rationnellement les faits sociaux,
on a pu objecter ou qu'elles faisaient évanouir toute
idée de discipline sociale, ou qu'elles ne parvenaient
à la maintenir qu'à l'aide de subterfuges mensongers.
Les règles que nous venons d'exposer permettraient,
au contraire, de faire une sociologie qui verrait dans
l'esprit de discipline la condition essentielle de toute
vie en commun, tout en le fondant en raison et en
vérité.

détail, il est trop éloigné de l'extrême généralité des propriétés
psychiques pour y pouvoir être rattaché; il paraît donc aux
disciples de cette école tout aussi artificiel qu'à leurs adversaires. Pour nous, au contraire, tout est naturel, même les
arrangements les plus spéciaux; car tout est fondé dans la
nature de la société.

CHAPITRE VI

RÈGLES RELATIVES A L'ADMINISTRATION
DE LA PREUVE

I

Nous n'avons qu'un moyen de démontrer qu'un phénomène est cause d'un autre, c'est de comparer les cas où ils sont simultanément présents ou absents et de chercher si les variations qu'ils présentent dans ces différentes combinaisons de circonstances témoignent que l'un dépend de l'autre. Quand ils peuvent être artificiellement produits au gré de l'observateur, la méthode est l'expérimentation proprement dite. Quand, au contraire, la production des faits n'est pas à notre disposition et que nous ne pouvons que les rapprocher tels qu'ils se sont spontanément produits, la méthode que l'on emploie est celle de l'expérimentation indirecte ou méthode comparative.

Nous avons vu que l'explication sociologique consiste exclusivement à établir des rapports de causalité, qu'il s'agisse de rattacher un phénomène à sa cause, ou, au contraire, une cause à ses effets utiles.

9.

Puisque, d'autre part, les phénomènes sociaux échappent évidemment à l'action de l'opérateur, la méthode comparative est la seule qui convienne à la sociologie. Comte, il est vrai, ne l'a pas jugée suffisante ; il a trouvé nécessaire de la compléter par ce qu'il nomme la méthode historique ; mais la cause en est dans sa conception particulière des lois sociologiques. Suivant lui, elles doivent principalement exprimer, non des rapports définis de causalité, mais le sens dans lequel se dirige l'évolution humaine en général ; elles ne peuvent donc être découvertes à l'aide de comparaisons, car pour pouvoir comparer les différentes formes que prend un phénomène social chez différents peuples, il faut l'avoir détaché des séries temporelles auxquelles il appartient. Or, si l'on commence par fragmenter ainsi le développement humain, on se met dans l'impossibilité d'en retrouver la suite. Pour y parvenir, ce n'est pas par analyses, mais par larges synthèses qu'il convient de procéder. Ce qu'il faut, c'est rapprocher les uns des autres et réunir dans une même intuition, en quelque sorte, les états successifs de l'humanité de manière à apercevoir « l'accroissement continu de chaque disposition physique, intellectuelle, morale et politique [1] ». Telle est la raison d'être de cette méthode que Comte appelle historique et qui, par suite, est dépourvue de tout objet dès qu'on a rejeté la conception fondamentale de la sociologie comtiste.

Il est vrai que Mill déclare l'expérimentation, même indirecte, inapplicable à la sociologie. Mais ce qui suffit déjà à enlever à son argumentation une

---

1. *Cours de philos. pos.*, IV, 328.

grande partie de son autorité, c'est qu'il l'appliquait également aux phénomènes biologiques, et même aux faits physico-chimiques les plus complexes [1]; or il n'y a plus à démontrer aujourd'hui que la chimie et la biologie ne peuvent être que des sciences expérimentales. Il n'y a donc pas de raison pour que ses critiques soient mieux fondées en ce qui concerne la sociologie; car les phénomènes sociaux ne se distinguent des précédents que par une complexité plus grande. Cette différence peut bien impliquer que l'emploi du raisonnement expérimental en sociologie offre plus de difficultés encore que dans les autres sciences; mais on ne voit pas pourquoi il y serait radicalement impossible.

Du reste, toute cette théorie de Mill repose sur un postulat qui, sans doute, est lié aux principes fondamentaux de sa logique, mais qui est en contradiction avec tous les résultats de la science. Il admet, en effet, qu'un même conséquent ne résulte pas toujours d'un même antécédent, mais peut être dû tantôt à une cause et tantôt à une autre. Cette conception du lien causal, en lui enlevant toute détermination, le rend à peu près inaccessible à l'analyse scientifique; car il introduit une telle complication dans l'enchevêtrement des causes et des effets que l'esprit s'y perd sans retour. Si un effet peut dériver de causes différentes, pour savoir ce qui le détermine dans un ensemble de circonstances données, il faudrait que l'expérience se fît dans des conditions d'isolement pratiquement irréalisables, surtout en sociologie.

Mais ce prétendu axiome de la pluralité des causes

---

1. *Système de Logique*, II, 478.

est une négation du principe de causalité. Sans doute,
si l'on croit avec Mill que la cause et l'effet sont
absolument hétérogènes, qu'il n'y a entre eux aucune
relation logique, il n'y a rien de contradictoire à
admettre qu'un effet puisse suivre tantôt une cause
et tantôt une autre. Si le rapport qui unit C à A est
purement chronologique, il n'est pas exclusif d'un
autre rapport du même genre qui unirait C à B par
exemple. Mais si, au contraire, le lien causal a quelque
chose d'intelligible, il ne saurait être à ce point
indéterminé. S'il consiste en un rapport qui résulte
de la nature des choses, un même effet ne peut soute-
nir ce rapport qu'avec une seule cause, car il ne peut
exprimer qu'une seule nature. Or il n'y a que les
philosophes qui aient jamais mis en doute l'intelli-
gibilité de la relation causale. Pour le savant, elle ne
fait pas question ; elle est supposée par la méthode
même de la science. Comment expliquer autrement
et le rôle si important de la déduction dans le raisonnement expérimental et le principe fondamental de
la proportionnalité entre la cause et l'effet ? Quant aux
cas que l'on cite et où l'on prétend observer une
pluralité de causes, pour qu'ils fussent démonstratifs,
il faudrait avoir établi au préalable ou que cette
pluralité n'est pas simplement apparente, ou que
l'unité extérieure de l'effet ne recouvre pas une
réelle pluralité. Que de fois il est arrivé à la science
de réduire à l'unité des causes dont la diversité,
au premier abord, paraissait irréductible ! Stuart Mill
en donne lui-même un exemple en rappelant que,
suivant les théories modernes, la production de la
chaleur par le frottement, la percussion, l'action chi-
mique, etc., dérive d'une seule et même cause.

Inversement, quand il s'agit de l'effet, le savant distingue souvent ce que le vulgaire confond. Pour le sens commun, le mot de fièvre désigne une seule et même entité morbide; pour la science, il y a une multitude de fièvres spécifiquement différentes et la pluralité des causes se trouve en rapport avec celle des effets; et si entre toutes ces espèces nosologiques il y a pourtant quelque chose de commun, c'est que ces causes, également, se confondent par certains de leurs caractères.

Il importe d'autant plus d'exorciser ce principe de la sociologie que nombre de sociologues en subissent encore l'influence, et cela alors même qu'ils n'en font pas une objection contre l'emploi de la méthode comparative. Ainsi, on dit couramment que le crime peut être également produit par les causes les plus différentes; qu'il en est de même du suicide, de la peine, etc. En pratiquant dans cet esprit le raisonnement expérimental, on aura beau réunir un nombre considérable de faits, on ne pourra jamais obtenir de lois précises, de rapports déterminés de causalité. On ne pourra qu'assigner vaguement un conséquent mal défini à un groupe confus et indéfini d'antécédents. Si donc on veut employer la méthode comparative d'une manière scientifique, c'est-à-dire en se conformant au principe de causalité tel qu'il se dégage de la science elle-même, on devra prendre pour base des comparaisons que l'on institue la proposition suivante : *A un même effet correspond toujours une même cause.* Ainsi, pour reprendre les exemples cités plus haut, si le suicide dépend de plus d'une cause, c'est que, en réalité, il y a plusieurs espèces de suicides. Il en est de même du crime.

Pour la peine, au contraire, si l'on a cru qu'elle s'expliquait également bien par des causes différentes, c'est que l'on n'a pas aperçu l'élément commun qui se retrouve dans tous ces antécédents et en vertu duquel ils produisent leur effet commun [1].

II

Toutefois, si les divers procédés de la méthode comparative ne sont pas inapplicables à la sociologie, ils n'y ont pas tous une force également démonstrative.

La méthode dite des résidus, si tant est d'ailleurs qu'elle constitue une forme du raisonnement expérimental, n'est, pour ainsi dire, d'aucun usage dans l'étude des phénomènes sociaux. Outre qu'elle ne peut servir qu'aux sciences assez avancées, puisqu'elle suppose déjà connues un nombre important de lois, les phénomènes sociaux sont beaucoup trop complexes pour que, dans un cas donné, on puisse exactement retrancher l'effet de toutes les causes moins une.

La même raison rend difficilement utilisables et la méthode de concordance et celle de différence. Elles supposent, en effet, que les cas comparés ou concordent en un seul point ou diffèrent par un seul. Sans doute, il n'est pas de science qui ait jamais pu instituer d'expériences où le caractère rigoureusement unique d'une concordance ou d'une différence fût établi d'une manière irréfutable. On n'est jamais

1. *Division du travail social*, p. 87.

sûr de n'avoir pas laissé échapper quelque antécédent qui concorde ou qui diffère comme le conséquent, en même temps et de la même manière que l'unique antécédent connu. Cependant, quoique l'élimination absolue de tout élément adventice soit une limite idéale qui ne peut être réellement atteinte, en fait, les sciences physico-chimiques et même les sciences biologiques s'en rapprochent assez pour que, dans un grand nombre de cas, la démonstration puisse être regardée comme pratiquement suffisante. Mais il n'en est plus de même en sociologie par suite de la complexité trop grande des phénomènes, jointe à l'impossibilité de toute expérience artificielle. Comme on ne saurait faire un inventaire, même à peu près complet, de tous les faits qui coexistent au sein d'une même société ou qui se sont succédé au cours de son histoire, on ne peut jamais être assuré, même d'une manière approximative, que deux peuples concordent ou diffèrent sous tous les rapports, sauf un. Les chances de laisser un phénomène se dérober sont bien supérieures à celles de n'en négliger aucun. Par conséquent, une pareille méthode de démonstration ne peut donner naissance qu'à des conjectures qui, réduites à elles seules, sont presque dénuées de tout caractère scientifique.

Mais il en est tout autrement de la méthode des variations concomitantes. En effet, pour qu'elle soit démonstrative, il n'est pas nécessaire que toutes les variations différentes de celles que l'on compare aient été rigoureusement exclues. Le simple parallélisme des valeurs par lesquelles passent les deux phénomènes, pourvu qu'il ait été établi dans un nombre suffisant de cas suffisamment variés, est la preuve

qu'il existe entre eux une relation. Cette méthode
doit ce privilège à ce qu'elle atteint le rapport causal, non du dehors comme les précédentes, mais par
le dedans. Elle ne nous fait pas simplement voir
deux faits qui s'accompagnent ou qui s'excluent
extérieurement[1], de sorte que rien ne prouve directement qu'ils soient unis par un lien interne; au
contraire, elle nous les montre participant l'un de
l'autre et d'une manière continue, du moins pour ce
qui regarde leur quantité. Or cette participation, à
elle seule, suffit à démontrer qu'ils ne sont pas étran-
gers l'un à l'autre. La manière dont un phénomène
se développe en exprime la nature; pour que deux
développements se correspondent, il faut qu'il y ait
aussi une correspondance dans les natures qu'ils
manifestent. La concomitance constante est donc,
par elle-même, une loi, quel que soit l'état des phénomènes restés en dehors de la comparaison. Aussi,
pour l'infirmer, ne suffit-il pas de montrer qu'elle est
mise en échec par quelques applications particulières
de la méthode de concordance ou de différence; ce
serait attribuer à ce genre de preuves une autorité
qu'il ne peut avoir en sociologie. Quand deux phénomènes varient régulièrement l'un comme l'autre, il
faut maintenir ce rapport alors même que, dans certains cas, l'un de ces phénomènes se présenterait
sans l'autre. Car il peut se faire, ou bien que la cause
ait été empêchée de produire son effet par l'action
de quelque cause contraire, ou bien qu'elle se trouve
présente, mais sous une forme différente de celle

---

1. Dans le cas de la méthode de différence, l'absence de la
cause exclut la présence de l'effet.

que l'on a précédemment observée. Sans doute, il y a lieu de voir, comme on dit, d'examiner les faits à nouveau, mais non d'abandonner sur-le-champ les résultats d'une démonstration régulièrement faite.

Il est vrai que les lois établies par ce procédé ne se présentent pas toujours d'emblée sous la forme de rapports de causalité. La concomitance peut être due non à ce qu'un des phénomènes est la cause de l'autre, mais à ce qu'ils sont tous deux des effets d'une même cause, ou bien encore à ce qu'il existe entre eux un troisième phénomène, intercalé mais inaperçu, qui est l'effet du premier et la cause du second. Les résultats auxquels conduit cette méthode ont donc besoin d'être interprétés. Mais quelle est la méthode expérimentale qui permet d'obtenir mécaniquement un rapport de causalité sans que les faits qu'elle établit aient besoin d'être élaborés par l'esprit ? Tout ce qui importe, c'est que cette élaboration soit méthodiquement conduite et voici de quelle manière on pourra y procéder. On cherchera d'abord, à l'aide de la déduction, comment l'un des deux termes a pu produire l'autre; puis on s'efforcera de vérifier le résultat de cette déduction à l'aide d'expériences, c'est à-dire de comparaisons nouvelles. Si la déduction est possible et si la vérification réussit, on pourra regarder la preuve comme faite. Si, au contraire, l'on n'aperçoit entre ces faits aucun lien direct, surtout si l'hypothèse d'un tel lien contredit des lois déjà démontrées, on se mettra à la recherche d'un troisième phénomène dont les deux autres dépendent également ou qui ait pu servir d'intermédiaire entre eux. Par exemple, on peut établir de la manière la plus certaine que la tendance au suicide varie comme la tendance à l'instruction. Mais il est impossible de comprendre comment l'instruction peut conduire au suicide; une telle explication est en contradiction avec les lois de la psychologie. L'instruction, surtout réduite aux connaissances élémentaires, n'atteint que les régions les plus superficielles de la conscience; au contraire, l'instinct de conservation est une de nos tendances fondamentales. Il ne saurait donc être sensiblement affecté par un phénomène aussi éloigné et d'un aussi faible retentissement. On en vient ainsi à se demander si l'un et l'autre fait ne seraient pas la conséquence d'un même état. Cette cause commune, c'est l'affaiblissement du traditionalisme religieux qui renforce à la fois le besoin de savoir et le penchant au suicide.

Mais il est une autre raison qui fait de la méthode des variations concomitantes l'instrument par excellence des recherches sociologiques. En effet, même quand les circonstances leur sont le plus favorables, les autres méthodes ne peuvent être employées utilement que si le nombre des faits comparés est très considérable. Si l'on ne peut trouver deux sociétés qui ne diffèrent ou qui ne se ressemblent qu'en un point, du moins, on peut constater que deux faits ou s'accompagnent ou s'excluent très généralement. Mais, pour que cette constatation ait une valeur scientifique, il faut qu'elle ait été faite un très grand nombre de fois; il faudrait presque être assuré que tous les faits ont été passés en revue. Or, non seulement un inventaire aussi complet n'est pas possible, mais encore les faits qu'on accumule ainsi ne peuvent jamais être établis avec une précision suffisante, justement parce qu'ils sont trop nombreux. Non seulement on risque d'en omettre d'essentiels et qui contredisent ceux qui sont connus, mais encore on n'est pas sûr de bien connaître ces derniers. En fait, ce qui a souvent discrédité les raisonnements des sociologues, c'est que, comme ils ont employé de préférence la méthode de concordance ou celle de différence et surtout la première, ils se sont plus préoccupés d'entasser les documents que de les critiquer et de les choisir. C'est ainsi qu'il leur arrive sans cesse de mettre sur le même plan les observations confuses et rapidement faites des voyageurs et les textes précis de l'histoire. Non seulement, en voyant ces démonstrations, on ne peut s'empêcher de se dire qu'un seul fait pourrait suffire à les infirmer, mais les faits mêmes sur lesquels elles sont établies n'inspirent pas toujours confiance.

La méthode des variations concomitantes ne nous oblige ni à de ces énumérations incomplètes, ni à de ces observations superficielles. Pour qu'elle donne des résultats, quelques faits suffisent. Dès qu'on a prouvé que, dans un certain nombre de cas, deux phénomènes varient l'un comme l'autre, on peut être certain qu'on se trouve en présence d'une loi. N'ayant pas besoin d'être nombreux, les documents peuvent être choisis et, de plus, étudiés de près par le sociologue qui les emploie. Il pourra donc et, par suite, il devra prendre pour matière principale de ses inductions les sociétés dont les croyances, les traditions, les mœurs, le droit ont pris corps en des monuments écrits et authentiques. Sans doute, il ne dédaignera pas les renseignements de l'ethnographie (il n'est pas de faits qui puissent être dédaignés par le savant), mais il les mettra à leur vraie place. Au lieu d'en faire le centre de gravité de ses recherches, il ne les utilisera en général que comme complément de ceux qu'il doit à l'histoire ou, tout au moins, il s'efforcera de les confirmer par ces derniers. Non seulement il circonscrira ainsi, avec plus de discernement, l'étendue de ses comparaisons, mais il les conduira avec plus de critique; car, par cela même qu'il s'attachera à un ordre restreint de faits, il pourra les contrôler avec plus de soin. Sans doute, il n'a pas à refaire l'œuvre des historiens; mais il ne peut pas non plus recevoir passivement et de toutes mains les informations dont il se sert.

Mais il ne faut pas croire que la sociologie soit dans un état de sensible infériorité vis-à-vis des autres sciences parce qu'elle ne peut guère se servir que d'un seul procédé expérimental. Cet inconvénient est, en effet, compensé par la richesse des variations qui s'offrent spontanément aux comparaisons du sociologue et dont on ne trouve aucun exemple dans les autres règnes de la nature. Les changements qui ont lieu dans un organisme au cours d'une existence individuelle sont peu nombreux et très restreints; ceux qu'on peut provoquer artificiellement sans détruire la vie sont eux-mêmes compris dans d'étroites limites. Il est vrai qu'il s'en est produit de plus importants dans la suite de l'évolution zoologique, mais ils n'ont laissé d'eux-mêmes que de rares et obscurs vestiges, et il est encore plus difficile de retrouver les conditions qui les ont déterminés. Au contraire, la vie sociale est une suite ininterrompue de transformations, parallèles à d'autres transformations dans les conditions de l'existence collective; et nous n'avons pas seulement à notre disposition celles qui se rapportent à une époque récente, mais un grand nombre de celles par lesquelles ont passé les peuples disparus sont parvenues jusqu'à nous. Malgré ses lacunes, l'histoire de l'humanité est autrement claire et complète que celle des espèces animales. De plus, il existe une multitude de phénomènes sociaux qui se produisent dans toute l'étendue de la société, mais qui prennent des formes diverses selon les régions, les professions, les confessions, etc. Tels sont, par exemple, le crime, le suicide, la natalité, la nuptialité, l'épargne, etc. De la diversité de ces milieux spéciaux résultent, pour chacun de ces ordres de faits, de nouvelles séries de variations, en dehors de celles que produit l'évolution historique. Si donc le sociologue ne peut pas employer avec une égale efficacité tous les procédés de la recherche expérimentale, l'unique méthode, dont il doit presque se servir à l'exclusion des autres, peut, dans ses mains, être très féconde, car il a, pour la mettre en œuvre, d'incomparables ressources.

Mais elle ne produit les résultats qu'elle comporte que si elle est pratiquée avec rigueur. On ne prouve rien quand, comme il arrive si souvent, on se contente de faire voir par des exemples plus ou moins nombreux que, dans des cas épars, les faits ont varié comme le veut l'hypothèse. De ces concordances sporadiques et fragmentaires, on ne peut tirer aucune conclusion générale. Illustrer une idée n'est pas la démontrer. Ce qu'il faut, c'est comparer non des variations isolées, mais des séries de variations, régulièrement constituées, dont les termes se relient les uns aux autres par une gradation aussi continue que possible, et qui, de plus, soient d'une suffisante étendue. Car les variations d'un phénomène ne permettent d'en induire la loi que si elles expriment clairement la manière dont il se développe dans des circonstances données. Or, pour cela, il faut qu'il y ait entre elles la même suite qu'entre les moments divers d'une même évolution naturelle, et, en outre, que cette évolution qu'elles figurent soit assez prolongée pour que le sens n'en soit pas douteux.

III

Mais la manière dont doivent être formées ces séries diffère selon les cas. Elles peuvent comprendre des faits empruntés ou à une seule et unique société — ou à plusieurs sociétés de même espèce — ou à plusieurs espèces sociales distinctes.

Le premier procédé peut suffire, à la rigueur, quand il s'agit de faits d'une grande généralité et sur lesquels nous avons des informations statistiques assez étendues et variées. Par exemple, en rapprochant la courbe qui exprime la marche du suicide pendant une période de temps suffisamment longue, des variations que présente le même phénomène suivant les provinces, les classes, les habitats ruraux ou urbains, les sexes, les âges, l'état civil, etc., on peut arriver, même sans étendre ses recherches au delà d'un seul pays, à établir de véritables lois, quoiqu'il soit toujours préférable de confirmer ces résultats par d'autres observations faites sur d'autres peuples de la même espèce. Mais on ne peut se contenter de comparaisons aussi limitées que quand on étudie quelqu'un de ces courants sociaux qui sont répandus dans toute la société, tout en variant d'un point à l'autre. Quand, au contraire, il s'agit d'une institution, d'une règle juridique ou morale, d'une coutume organisée, qui est la même et fonctionne de la même manière sur toute l'étendue du pays et qui ne change que dans le temps, on ne peut se renfermer dans l'étude d'un seul peuple; car, alors, on n'aurait pour matière de la preuve qu'un seul couple de courbes parallèles, à savoir celles qui expriment la marche historique du phénomène considéré et de la cause conjecturée, mais dans cette seule et unique société. Sans doute, même ce seul parallélisme, s'il est constant, est déjà un fait considérable, mais il ne saurait, à lui seul, constituer une démonstration.

En faisant entrer en ligne de compte plusieurs peuples de même espèce, on dispose déjà d'un champ de comparaison plus étendu. D'abord, on peut confronter l'histoire de l'un par celle des autres et voir si, chez chacun d'eux pris à part, le même phénomène évolue dans le temps en fonction des mêmes conditions. Puis on peut établir des comparaisons entre ces divers développements. Par exemple, on déterminera la forme que le fait étudié prend chez ces différentes sociétés au moment où il parvient à son apogée. Comme, tout en appartenant au même type, elles sont pourtant des individualités distinctes, cette forme n'est pas partout la même; elle est plus ou moins accusée, suivant les cas. On aura ainsi une nouvelle série de variations qu'on rapprochera de celles que présente, au même moment et dans chacun de ces pays, la condition présumée. Ainsi, après avoir suivi l'évolution de la famille patriarcale à travers l'histoire de Rome, d'Athènes, de Sparte, on classera ces mêmes cités suivant le degré maximum de développement qu'atteint chez chacune d'elles ce type familial et on verra ensuite si, par rapport à l'état du milieu social dont il paraît dépendre d'après la première expérience, elles se classent encore de la même manière.

Mais cette méthode elle-même ne peut guère se suffire. Elle ne s'applique, en effet, qu'aux phénomènes qui ont pris naissance pendant la vie des peuples comparés. Or, une société ne crée pas de toutes pièces son organisation ; elle la reçoit, en partie, toute faite de celles qui l'ont précédée. Ce qui lui est ainsi transmis n'est, au cours de son histoire, le produit d'aucun développement, par conséquent ne peut être expliqué si l'on ne sort pas des limites de l'espèce dont elle fait partie. Seules, les additions qui se surajoutent à ce fond primitif et le transforment peuvent être traitées de cette manière. Mais, plus on s'élève dans l'échelle sociale, plus les caractères acquis par chaque peuple sont peu de chose à côté des caractères transmis. C'est, d'ailleurs, la condition de tout progrès. Ainsi, les éléments nouveaux que nous avons introduits dans le droit domestique, le droit de propriété, la morale, depuis le commencement de notre histoire, sont relativement peu nombreux et peu importants, comparés à ceux que le passé nous a légués. Les nouveautés qui se produisent ainsi ne sauraient donc se comprendre si l'on n'a pas étudié d'abord ces phénomènes plus fondamentaux qui en sont les racines et ils ne peuvent être étudiés qu'à l'aide de comparaisons beaucoup plus étendues. Pour pouvoir expliquer l'état actuel de la famille, du mariage, de la propriété, etc., il faudrait connaître quelles en sont les origines, quels sont les éléments simples dont ces institutions sont composées et, sur ces points, l'histoire comparée des grandes sociétés européennes ne saurait nous apporter de grandes lumières. Il faut remonter plus haut.

Par conséquent, pour rendre compte d'une institution sociale, appartenant à une espèce déterminée, on comparera les formes différentes qu'elle présente, non seulement chez les peuples de cette espèce, mais dans toutes les espèces antérieures. S'agit-il, par exemple, de l'organisation domestique ? On constituera d'abord le type le plus rudimentaire qui ait jamais existé, pour suivre ensuite pas à pas la manière dont il s'est progressivement compliqué. Cette méthode, que l'on pourrait appeler génétique, donnerait d'un seul coup l'analyse et la synthèse du phénomène. Car, d'une part, elle nous montrerait à l'état dissocié les éléments qui le composent, par cela seul qu'elle nous les ferait voir se surajoutant successivement les uns aux autres et, en même temps, grâce à ce large champ de comparaison, elle serait beaucoup mieux en état de déterminer les conditions dont dépendent leur formation et leur association. *Par conséquent, on ne peut expliquer un fait social de quelque complexité qu'à condition d'en suivre le développement intégral à travers toutes les espèces sociales.* La sociologie comparée n'est pas une branche particulière de la sociologie ; c'est la sociologie même, en tant qu'elle cesse d'être purement descriptive et aspire à rendre compte des faits.

Au cours de ces comparaisons étendues, se

10

commet souvent une erreur qui en fausse les résultats. Parfois, pour juger du sens dans lequel se développent les événements sociaux, il est arrivé qu'on a simplement comparé ce qui se passe au déclin de chaque espèce avec ce qui se produit au début de l'espèce suivante. En procédant ainsi, on a cru pouvoir dire, par exemple, que l'affaiblissement des croyances religieuses et de tout traditionalisme ne pouvait jamais être qu'un phénomène passager de la vie des peuples, parce qu'il n'apparaît que pendant la dernière période de leur existence pour cesser dès qu'une évolution nouvelle recommence. Mais, avec une telle méthode, on est exposé à prendre pour la marche régulière et nécessaire du progrès ce qui est l'effet d'une tout autre cause. En effet, l'état où se trouve une société jeune n'est pas le simple prolongement de l'état où étaient parvenues, à la fin de leur carrière, les sociétés qu'elle remplace, mais provient en partie de cette jeunesse même qui empêche les produits des expériences faites par les peuples antérieurs d'être tous immédiatement assimilables et utilisables. C'est ainsi que l'enfant reçoit de ses parents des facultés et des prédispositions qui n'entrent en jeu que tardivement dans sa vie. Il est donc possible, pour reprendre le même exemple, que ce retour du traditionalisme que l'on observe au début de chaque histoire soit dû non à ce fait qu'un recul du même phénomène ne peut jamais être que transitoire, mais aux conditions spéciales où se trouve placée toute société qui commence. La comparaison ne peut être démonstrative que si l'on élimine ce facteur de l'âge qui la trouble ; pour y arriver, *il suffira de considérer les sociétés que l'on compare à la même période de leur développement*. Ainsi, pour savoir dans quel sens évolue un phénomène social, on comparera ce qu'il est pendant la jeunesse de chaque espèce avec ce qu'il devient pendant la jeunesse de l'espèce suivante, et suivant que, de l'une de ces étapes à l'autre, il présentera plus, moins ou autant d'intensité, on dira qu'il progresse, recule ou se maintient.

CONCLUSION

En résumé, les caractères distinctifs de cette méthode sont les suivants.

D'abord, elle est indépendante de toute philosophie. Parce que la sociologie est née des grandes doctrines philosophiques, elle a gardé l'habitude de s'appuyer sur quelque système dont elle se trouve ainsi solidaire. C'est ainsi qu'elle a été successivement positiviste, évolutionniste, spiritualiste, alors qu'elle doit se contenter d'être la sociologie tout court. Même nous hésiterions à la qualifier de naturaliste à moins qu'on ne veuille simplement indiquer par là qu'elle considère les faits sociaux comme explicables naturellement, et, dans ce cas, l'épithète est assez inutile, puisqu'elle signifie simplement que le sociologue fait œuvre de science et n'est pas un mystique. Mais nous repoussons le mot, si on lui donne un sens doctrinal sur l'essence des choses sociales, si, par exemple, on entend dire qu'elles sont réductibles aux autres forces cosmiques. La sociologie n'a pas à prendre de parti entre les grandes hypothèses qui divisent les métaphysiciens. Elle n'a pas plus à affirmer la liberté que le déterminisme. Tout ce qu'elle demande qu'on lui accorde, c'est que le principe de causalité s'applique aux phénomènes sociaux. Encore ce principe est-il posé par elle, non comme une nécessité rationnelle, mais seulement comme un postulat empirique, produit d'une induction légitime. Puisque la loi de causalité a été vérifiée dans les autres règnes de la nature, que, progressivement, elle a étendu son empire du monde physico-chimique au monde biologique, de celui-ci au monde psychologique, on est en droit d'admettre qu'elle est également vraie du monde social; et il est possible d'ajouter aujourd'hui que les recherches entreprises sur la base de ce postulat tendent à le confirmer. Mais la question de savoir si la nature du lien causal exclut toute contingence n'est pas tranchée pour cela.

Au reste, la philosophie elle-même a tout intérêt à cette émancipation de la sociologie. Car, tant que le sociologue n'a pas suffisamment dépouillé le philosophe, il ne considère les choses sociales que par leur côté le plus général, celui par où elles ressemblent le plus aux autres choses de l'univers. Or, si la sociologie ainsi conçue peut servir à illustrer de faits curieux une philosophie, elle ne saurait l'enrichir de vues nouvelles, puisqu'elle ne signale rien de nouveau dans l'objet qu'elle étudie. Mais en réalité, si les faits fondamentaux des autres règnes se retrouvent dans le règne social, c'est sous des formes spéciales qui en font mieux comprendre la nature parce qu'elles en sont l'expression la plus haute. Seulement, pour les apercevoir sous cet aspect, il

10.

faut sortir des généralités et entrer dans le détail
des faits. C'est ainsi que la sociologie, à mesure
qu'elle se spécialisera, fournira des matériaux plus
originaux à la réflexion philosophique. Déjà ce qui
précède a pu faire entrevoir comment des notions
essentielles, telles que celles d'espèce, d'organe, de
fonction, de santé et de maladie, de cause et de fin
s'y présentent sous des jours tout nouveaux. D'ailleurs, n'est-ce pas la sociologie qui est destinée à
mettre dans tout son relief une idée qui pourrait
bien être la base non pas seulement d'une psychologie, mais de toute une philosophie, l'idée d'association?

Vis-à-vis des doctrines pratiques, notre méthode
permet et commande la même indépendance. La
sociologie ainsi entendue ne sera ni individualiste, ni
communiste, ni socialiste, au sens qu'on donne vulgairement à ces mots. Par principe, elle ignorera ces
théories auxquelles elle ne saurait reconnaître de
valeur scientifique, puisqu'elles tendent directement,
non à exprimer les faits, mais à les réformer. Du
moins, si elle s'y intéresse, c'est dans la mesure où
elle y voit des faits sociaux qui peuvent l'aider à
comprendre la réalité sociale en manifestant les
besoins qui travaillent la société. Ce n'est pas, toutefois, qu'elle doive se désintéresser des questions
pratiques. On a pu voir, au contraire, que notre préoc-
cupation constante était de l'orienter de manière à
ce qu'elle puisse aboutir pratiquement. Elle rencontre nécessairement ces problèmes au terme de ses
recherches. Mais, par cela même qu'ils ne se présentent à elle qu'à ce moment, que, par suite, ils se
dégagent des faits et non des passions, on peut prévoir

qu'ils doivent se poser pour le sociologue dans de tout autres termes que pour la foule, et que les solutions, d'ailleurs partielles, qu'il y peut apporter ne sauraient coïncider exactement avec aucune de celles auxquelles s'arrêtent les partis. Mais le rôle de la sociologie à ce point de vue doit justement consister à nous affranchir de tous les partis, non pas tant en opposant une doctrine aux doctrines, qu'en faisant contracter aux esprits, en face de ces questions, une attitude spéciale que la science peut seule donner par le contact direct des choses. Seule, en effet, elle peut apprendre à traiter avec respect, mais sans fétichisme, les institutions historiques quelles qu'elles soient, en nous faisant sentir ce qu'elles ont, à la fois, de nécessaire et de provisoire, leur force de résistance et leur infinie variabilité.

En second lieu, notre méthode est objective. Elle est dominée tout entière par cette idée que les faits sociaux sont des choses et doivent être traités comme telles. Sans doute, ce principe se retrouve, sous une forme un peu différente, à la base des doctrines de Comte et de M. Spencer. Mais ces grands penseurs en ont donné la formule théorique, plus qu'ils ne l'ont mise en pratique. Pour qu'elle ne restât pas lettre morte, il ne suffisait pas de la promulguer ; il fallait en faire la base de toute une discipline qui prît le savant au moment même où il aborde l'objet de ses recherches et qui l'accompagnât pas à pas dans toutes ses démarches. C'est à instituer cette discipline que nous nous sommes attaché. Nous avons montré comment le sociologue devait écarter les notions anticipées qu'il avait des faits pour se mettre en

face des faits eux-mêmes; comment il devait les
atteindre par leurs caractères les plus objectifs;
comment il devait leur demander à eux-mêmes le
moyen de les classer en sains et en morbides;
comment, enfin, il devait s'inspirer du même principe
dans les explications qu'il tentait comme dans la manière dont il prouvait ces explications. Car une fois
qu'on a le sentiment qu'on se trouve en présence de
choses, on ne songe même plus à les expliquer par
des calculs utilitaires ni par des raisonnements d'aucune sorte. On comprend trop bien l'écart qu'il y a
entre de telles causes et de tels effets. Une chose est
une force qui ne peut être engendrée que par une
autre force. On cherche donc, pour rendre compte
des faits sociaux, des énergies capables de les produire. Non seulement les explications sont autres,
mais elles sont autrement démontrées, ou plutôt
c'est alors seulement qu'on éprouve le besoin de les
démontrer. Si les phénomènes sociologiques ne sont
que des systèmes d'idées objectivées, les expliquer,
c'est les repenser dans leur ordre logique et cette
explication est à elle-même sa propre preuve; tout au
plus peut-il y avoir lieu de la confirmer par quelques
exemples. Au contraire, il n'y a que des expériences
méthodiques qui puissent arracher leur secret à des
choses.

Mais si nous considérons les faits sociaux comme
des choses, c'est comme *des choses sociales*. C'est le
troisième trait caractéristique de notre méthode
d'être exclusivement sociologique. Il a souvent paru
que ces phénomènes, à cause de leur extrême complexité, ou bien étaient réfractaires à la science, ou
bien n'y pouvaient entrer que réduits à leurs condi-

tions élémentaires, soit psychiques, soit organiques, c'est-à-dire dépouillés de leur nature propre. Nous avons, au contraire, entrepris d'établir qu'il était possible de les traiter scientifiquement sans rien leur enlever de leurs caractères spécifiques. Même nous avons refusé de ramener cette immatérialité *sui generis* qui les caractérise à celle, déjà complexe pourtant, des phénomènes psychologiques; à plus forte raison nous sommes-nous interdit de la résorber, à la suite de l'école italienne, dans les propriétés générales de la matière organisée[1]. Nous avons fait voir qu'un fait social ne peut être expliqué que par un autre fait social, et, en même temps, nous avons montré comment cette sorte d'explication est possible en signalant dans le milieu social interne le moteur principal de l'évolution collective. La sociologie n'est donc l'annexe d'aucune autre science; elle est elle-même une science distincte et autonome, et le sentiment de ce qu'a de spécial la réalité sociale est même tellement nécessaire au sociologue que, seule, une culture spécialement sociologique peut le préparer à l'intelligence des faits sociaux.

Nous estimons que ce progrès est le plus important de ceux qui restent à faire à la sociologie. Sans doute, quand une science est en train de naître, on est bien obligé, pour la faire, de se référer aux seuls modèles qui existent, c'est-à-dire aux sciences déjà formées. Il y a là un trésor d'expériences toutes faites qu'il serait insensé de ne pas mettre à profit. Cependant, une science ne peut se regarder comme défini-

---

1. On est donc mal venu à qualifier notre méthode de matérialiste.

tivement constituée que quand elle est parvenue
à se faire une personnalité indépendante. Car elle
n'a de raison d'être que si elle a pour matière
un ordre de faits que n'étudient pas les autres
sciences. Or il est impossible que les mêmes notions
puissent convenir identiquement à des choses de
nature différente.

Tels nous paraissent être les principes de la méthode
sociologique.

Cet ensemble de règles paraîtra peut-être inutilement compliqué, si on le compare aux procédés
qui sont couramment mis en usage. Tout cet appa-
reil de précautions peut sembler bien laborieux pour
une science qui, jusqu'ici, ce réclamait guère, de
ceux qui s'y consacraient, qu'une culture générale
et philosophique ; et il est, en effet, certain que la
mise en pratique d'une telle méthode ne saurait avoir
pour effet de vulgariser la curiosité des choses sociologiques. Quand, comme condition d'initiation préalable,
on demande aux gens de se défaire des concepts qu'ils
ont l'habitude d'appliquer à un ordre de choses, pour
repenser celles-ci à nouveaux frais, on ne peut s'attendre à recruter une nombreuse clientèle. Mais ce
n'est pas le but où nous tendons. Nous croyons, au
contraire, que le moment est venu pour la sociologie
de renoncer aux succès mondains, pour ainsi parler,
et de prendre le caractère ésotérique qui convient à
toute science. Elle gagnera ainsi en dignité et en
autorité ce qu'elle perdra peut-être en popularité. Car
tant qu'elle reste mêlée aux luttes des partis, tant
qu'elle se contente d'élaborer, avec plus de logique
que le vulgaire, les idées communes et que, par
suite, elle ne suppose aucune compétence spéciale,

elle n'est pas en droit de parler assez haut pour faire taire les passions et les préjugés. Assurément, le temps est encore loin où elle pourra jouer ce rôle efficacement; pourtant, c'est à la mettre en état de le remplir un jour qu'il nous faut, dès maintenant, travailler.

FIN

TABLE DES MATIÈRES

maladie; de plus, ce critère est le plus souvent inapplicable, surtout en sociologie.

La maladie distinguée de l'état de santé comme l'anormal du normal. Le type moyen ou spécifique. Nécessité de tenir compte de l'âge pour déterminer si le fait est normal ou non.

Comment cette définition du pathologique coïncide en général avec le concept courant de la maladie : l'anormal est l'accidentel; pourquoi l'anormal, en général, constitue l'être en état d'infériorité.

II. — Utilité qu'il y a à vérifier les résultats de la méthode précédente en cherchant les causes de la normalité du fait, c'est-à-dire de sa généralité. Nécessité qu'il y a de procéder à cette vérification quand il s'agit de faits se rapportant à des sociétés qui n'ont pas achevé leur histoire. Pourquoi ce second critère ne peut être employé qu'à titre complémentaire et en second lieu.

Énoncé des règles.

III. — Application de ces règles à quelques cas, notamment à la question du crime. Pourquoi l'existence d'une criminalité est un phénomène normal. Exemples des erreurs dans lesquelles on tombe quand on ne suit pas ces règles. La science même devient impossible.

CHAPITRE IV (p. 94 à 109).

RÈGLES RELATIVES A LA CONSTITUTION DES TYPES SOCIAUX

La distinction du normal et de l'anormal implique la constitution d'espèces sociales. Utilité de ce concept d'espèce, intermédiaire entre la notion du *genus homo* et celle de sociétés particulières.

I. — Le moyen de les constituer n'est pas de procéder par monographies. Impossibilité d'aboutir par cette voie. Inutilité de la classification qui serait ainsi construite. Principe de la méthode à appliquer : distinguer les sociétés d'après leur degré de composition.

II. — Définition de la société simple : la horde. Exemples de quelques-unes des manières dont la société simple se compose avec elle-même et ses composés entre eux.

A l'intérieur des espèces ainsi constituées, distinguer des variétés, suivant que les segments composants sont coalescents ou non.

Énoncé de la règle.

III. — Comment ce qui précède démontre qu'il y a des espèces sociales. Différences dans la nature de l'espèce en biologie et en sociologie.

CONCLUSION (p. 172).

Coulommiers. — Imp. PAUL BRODARD. — 477-94.